中华精神家园

悠久历史

太平盛世

历代盛世与开明之治

肖东发　主编　杜友龙　编著

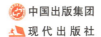中国出版集团

现代出版社

图书在版编目（CIP）数据

太平盛世 / 杜友龙编著. — 北京：现代出版社，
2014.11（2020.01重印）
（中华精神家园书系）
ISBN 978-7-5143-3072-4

Ⅰ．①太… Ⅱ．①杜… Ⅲ．①中国历史－古代史
Ⅳ．①K22

中国版本图书馆CIP数据核字(2014)第244307号

太平盛世：历代盛世与开明之治

总 策 划：陈　恕
主　　编：肖东发
作　　者：杜友龙
责任编辑：王敬一
出版发行：现代出版社
通信地址：北京市定安门外安华里504号
邮政编码：100011
电　　话：010-64267325 64245264（传真）
网　　址：www.1980xd.com
电子邮箱：xiandai@cnpitc.com.cn
印　　刷：山东省东营市新华印刷厂
开　　本：710mm×1000mm　1/16
印　　张：11
版　　次：2015年4月第1版　2020年1月第3次印刷
书　　号：ISBN 978-7-5143-3072-4
定　　价：40.00元

　　党的十八大报告指出："文化是民族的血脉，是人民的精神家园。全面建成小康社会，实现中华民族伟大复兴，必须推动社会主义文化大发展大繁荣，兴起社会主义文化建设新高潮，提高国家文化软实力，发挥文化引领风尚、教育人民、服务社会、推动发展的作用。"

　　我国经过改革开放的历程，推进了民族振兴、国家富强、人民幸福的中国梦，推进了伟大复兴的历史进程。文化是立国之根，实现中国梦也是我国文化实现伟大复兴的过程，并最终体现为文化的发展繁荣。习近平指出，博大精深的中国优秀传统文化是我们在世界文化激荡中站稳脚跟的根基。中华文化源远流长，积淀着中华民族最深层的精神追求，代表着中华民族独特的精神标识，为中华民族生生不息、发展壮大提供了丰厚滋养。我们要认识中华文化的独特创造、价值理念、鲜明特色，增强文化自信和价值自信。

　　如今，我们正处在改革开放攻坚和经济发展的转型时期，面对世界各国形形色色的文化现象，面对各种眼花缭乱的现代传媒，我们要坚持文化自信，古为今用、洋为中用、推陈出新，有鉴别地加以对待，有扬弃地予以继承，传承和升华中华优秀传统文化，发展中国特色社会主义文化，增强国家文化软实力。

　　浩浩历史长河，熊熊文明薪火，中华文化源远流长，滚滚黄河、滔滔长江，是最直接的源头，这两大文化浪涛经过千百年冲刷洗礼和不断交流、融合以及沉淀，最终形成了求同存异、兼收并蓄的辉煌灿烂的中华文明，也是世界上唯一绵延不绝而从没中断的古老文化，并始终充满了生机与活力。

　　中华文化曾是东方文化摇篮，也是推动世界文明不断前行的动力之一。早在500年前，中华文化的四大发明催生了欧洲文艺复兴运动和地理大发现。中国四大发明先后传到西方，对于促进西方工业社会的形成和发展，曾起到了重要作用。

中华文化的力量，已经深深熔铸到我们的生命力、创造力和凝聚力中，是我们民族的基因。中华民族的精神，也已深深植根于绵延数千年的优秀文化传统之中，是我们的精神家园。

总之，中华文化博大精深，是中国各族人民五千年来创造、传承下来的物质文明和精神文明的总和，其内容包罗万象，浩若星汉，具有很强的文化纵深，蕴含丰富宝藏。我们要实现中华文化伟大复兴，首先要站在传统文化前沿，薪火相传，一脉相承，弘扬和发展五千年来优秀的、光明的、先进的、科学的、文明的和自豪的文化现象，融合古今中外一切文化精华，构建具有中国特色的现代民族文化，向世界和未来展示中华民族的文化力量、文化价值、文化形态与文化风采。

为此，在有关专家指导下，我们收集整理了大量古今资料和最新研究成果，特别编撰了本套大型书系。主要包括独具特色的语言文字、浩如烟海的文化典籍、名扬世界的科技工艺、异彩纷呈的文学艺术、充满智慧的中国哲学、完备而深刻的伦理道德、古风古韵的建筑遗存、深具内涵的自然名胜、悠久传承的历史文明，还有各具特色又相互交融的地域文化和民族文化等，充分显示了中华民族的厚重文化底蕴和强大民族凝聚力，具有极强的系统性、广博性和规模性。

本套书系的特点是全景展现，纵横捭阖，内容采取讲故事的方式进行叙述，语言通俗，明白晓畅，图文并茂，形象直观，古风古韵，格调高雅，具有很强的可读性、欣赏性、知识性和延伸性，能够让广大读者全面接触和感受中国文化的丰富内涵，增强中华儿女民族自尊心和文化自豪感，并能很好继承和弘扬中国文化，创造未来中国特色的先进民族文化。

2014年4月18日

上古时期——中兴之朝

中古时期——治世盛景

近古时期——天下大治

近世时期——繁荣时代

中兴之朝

春秋战国是我国历史上的上古时期。夏商周三个朝代分别代表了我国历史上奴隶制的形成、发展和结束，因此它们是不可分割的。任何一个朝代，不论其经济和文化发展到什么程度，民心始终是第一位的。

夏朝姒少康之所以能复国中兴；商朝的武丁之所以能够开创商朝盛世；西周的成王和康王之所以能使西周强盛，都是因为赢得了人民的拥护和支持。这就是说，朝代兴亡取决于民心的向背。

少康复国中兴

少康逐犬图

姒少康是我国夏朝第六代君主，是相的儿子，杼的父亲。姒少康的父亲夏后氏首领姒相被敌对的寒浞派人杀死后，他凭借个人的魅力，广施德政，得到夏后氏遗民的拥护，积累了一定的实力。

同时，他在同姓部落斟灌氏与斟鄩氏的帮助下，与夏后氏遗臣伯靡等人合力，以弱胜强，最终战胜寒浞，恢复了夏王朝的统治。

这个时期被史家称为"少康中兴"，是我国历史上第一个出现以"中兴"两字命名的时代，对后代社会具有很大的影响作用。

姒少康的父亲相在太康失国后被族人立为夏王，但相因为国家已经被后羿和寒浞占据，就逃往帝丘的同姓诸侯斟郭氏和斟灌氏处避难。寒浞为防止夏的势力复兴，就派人杀死了相。

在寒浞清剿夏的势力时，相的妻子后缗氏此时已经怀孕。她为了躲避寒浞的追杀，就逃到娘家有仍氏所在地，生下了遗腹子姒少康。后缗氏把眼泪咽到肚里，把仇恨埋到心底，她决心将姒少康抚养成人。

■ 夏朝象征权力的鼎

姒少康得知自己的身世后，极度悲愤，立志复仇兴国。外祖父见姒少康人小志大，满心欢喜，命他在有仍氏族中担任牧官。

他恪守本职，做好牧官工作。同时，他利用空闲时间向有智谋的人学习治国方略，向有军事才能的人学习排兵布阵、攻战野战，并积极纠集武人谋士，密切注视杀父仇人的举动。

不料，一年夏天，寒浞长子浇打听到了姒少康的下落，便派手下大将椒率兵搜捕姒少康。所幸姒少康事先得到了消息，提前逃离有仍氏住地，躲过了椒的搜捕。

姒少康逃至舜的后代有虞氏部落，被有虞氏任用

寒浞（前204—前1962），姓寒，名"浞"，又名澆，所以史书上也称寒澆。东夷族寒氏，即今山东省潍坊子弟。他不仅杀死了自己的师父，还杀死了他的义父后羿，夺取了有穷国的半壁江山。后来继续穷兵黩武，兴师灭掉了夏朝，使夏朝亡国长达40年之久。

有虞氏 我国古代五帝之一的舜帝部落名称。有虞氏部落的始祖是虞幕，这个部落信奉一种食自死之肉的仁兽"驺虞"为图腾。舜为虞幕的后裔，后来便成为了有虞氏部落首领，受尧帝禅让，登上帝位。

为庖正，负责管理厨房膳食。有虞氏首领虞思见姒少康年轻有为，很具才干，十分欣赏，便将自己的两个女儿嫁与姒少康为妻，又将一处叫作纶的地区划给他做封地。

自此，姒少康拥有了一片肥沃的土地和不少士兵，这些成为他复仇兴国的根据地和武装力量。

姒少康以自己的封地为据点，收抚斟灌氏和斟郭氏被伐灭时逃散的族人，组建、发展武装办量，招揽昔日夏朝官吏旧部，广泛宣扬夏祖先的功德，揭露寒浞、浇等人篡权杀君暴虐天下百姓的罪行，积极争取邦国部落以及平民百姓的支持。

在有仍氏、有虞氏的帮助下，姒少康的势力更为壮大，开始寻机起兵复仇。

姒少康首先暗中派遣谍报人员女艾进入寒浞统治地区，刺探实情。寒浞此时已经死了，其长子浇继承寒浞的位置，把持国政，驻扎在夏朝故都安邑。此人身大力蛮，暴虐百姓，人民无不痛恨。

姒少康率领各邦国及部落的人马，浩浩荡荡杀奔夏朝故都安邑。此时，浇正在王宫中寻欢作乐，忽然听到姒少康大军兵

■ 夏朝的青铜器

临城下，非常震惊，依仗其蛮力负隅顽抗。但最终无力抵抗姒少康大军的进击，被姒少康消灭。

姒少康进入安邑后，在众人的拥护声中，重新登上王位，恢复了夏王朝的统治。

姒少康重建夏王朝统治后，在夏朝的另一旧都阳翟重建都城，出现了较为稳定的政治局面。史家称之为"姒少康复国中兴"，姒少康也被誉为一代中兴之主。

从"太康失国"到"姒少康中兴"，前后共约近百年。在这个过程中，斗争成败的重要原因，在于能否得到人民的拥护。太康失国，是因为他生活奢侈，导致国政荒疏；而姒少康能中兴，则在于他立足纶邑以后，在政治上重视人的因素，军事上重视谋略。

这是姒少康能以弱胜强，重建政权的主要原因。

夏朝青铜矛

阅读链接

传说姒少康在梦中得到神人指点，在山中找到3滴不同的人血，将其滴入泉中，泉水立刻香气扑鼻，品之如仙如痴。因为用了9天时间又用了3滴血，姒少康就将这种饮料命名为"酒"。

因为有了秀才、武士、傻子的3滴血在起作用，所以人们在喝酒时一般也按这3个程序进行：举杯互道贺词，好似秀才吟诗作对般文气十足；第二阶段，酒过三巡，情到胜处，一饮而尽，好似武士般慷慨豪爽；第三阶段，酒醉人疯，似呆傻之人不省人事。

武丁振兴商朝

武丁是我国商朝第二十三位国王，著名的军事统帅。他也是商朝一位有政治才能的君王大帝，雄才大略，有远大的政治理想。

武丁在位期间，在丞相傅说、将军妇好等人的共同辅佐下，对内大治，对外征伐。通过几十年的文治武功，使商朝政治、经济、军事、文化得到空前发展，百姓生活安定，四方诸侯宾服，开创了商朝繁盛的局面。同时商朝版图和势力范围扩张，使商朝成为泱泱大国，史称"武丁中兴"。

■ 商王武丁画像

武丁年少之时，父王小乙为了其能成为一个称职的国王，就把他派到外地观省民风，增长见识，锻炼才能。于是，武丁来到黄河两岸，观察当地人民的生活，接触大量的平民和奴隶。有时，武丁还和这些人一起做杂役，参加农业劳动。这些生活体验，使他了解到生活的艰辛和劳动的不易。

■ 商周时期青铜器
司母戊鼎

武丁在体验生活时，认识了一个叫傅说的杂役，二人极为投缘。武丁常常在他面前谈起对现实的不满及世道的黑暗，傅说往往就此发表一下自己的见解。武丁发现傅说谈吐不凡，是一个经世济民的奇才。

武丁即位时，根基还不算稳固，但他不甘心让国家就此衰败下去，也不情愿让有识之士傅说无用武之地。于是他使了一计，假托受在太华山接受天帝教诲，给他指点治国之道。

他对群臣说："天帝告诉我，有一个圣人叫傅说，天帝为了磨炼他的意志，把他贬为奴隶，此人能助我兴国。你们速去把他请回。"然后，命人按照他描述的样子画了傅说的画像，又讲述了他所在的地方，限期寻找傅说。

小乙 殷墟甲骨文又称小祖乙、后祖乙、亚祖乙。小乙是庙号。姓子名敛，祖丁之子，小辛之弟，是我国商朝第二十二任国王。在位时让太子武丁去田里耕作，为以后武丁中兴奠定了基础。

商朝的青铜戈

由于武丁善于选拔人才，善于任用人才，所以在他的身边，就聚集了傅说、祖己等众多名臣。在这些人的共同辅佐下，武丁推行仁德政治，开始施展自己的才能。

武丁重新任命各级官员，将三年来尽忠职守的大臣提拔重用，将擅离职守的大臣贬职放逐，然后公布新的法制。消息传出，举国欢庆。

武丁是一个虚心纳谏的君王。聪明的大臣往往借自然的异变来劝谏君王，都起到了很好的作用。

祖己 古薛国人。是商代第二十位国王盘庚的侄子，商王武丁时的贤臣。他辅武丁执政，主张修明政事，施德重民。故辅政期间，殷势复兴。祖己在商王朝的发展中，起到过重要作用。

方国 或称方国部落，是指我国夏商之际时的诸侯部落与国家。现今学者对这些方国的认识主要来源于商朝晚期的殷墟遗址出土的甲骨卜辞，卜文中多以"×方"的形式称呼这些部落国家，所以称作"方国"。

商朝青铜觚

有一次，武丁祭祀成汤之时，一只野雉飞到了鼎身上啼叫。在王都的郊外，有一片茂盛的森林，是飞鸟经常栖息的地方。所以，一只野雉飞到太庙中来鸣叫，这本是一件非常自然的事情。但武丁却认为这是一种不祥之兆，害怕会有什么不好的事情发生。

祖己趁机劝谏武丁："请大王不要担惊，不要害怕。现在，只要你修好政事，励精图治，勤俭节约，一切不祥之兆自会烟消云散。"当时，武丁用来祭祀的祭品太过于丰盛，而祖己却担心他流于奢侈，便劝谏如此一番话。

武丁时期，对周围侵扰商朝的各诸侯国、方国，包括羌方、土方、人方、鬼方、虎方、荆楚等展开了一系列的征讨。此举造成了许多负面影响，比如浪费了大量的人力、物力和财力，加重了百姓的负担等。

针对这种情况，傅说希望尽量减少杀伐，对已经征服的部族做好管理，并禁止屠杀奴隶，还提出了许多治国兴邦的建议。武丁——应允。

■ 商王武丁妻子妇好塑像

■ 商朝妇好三联甗

武丁为了控制广大被征服的地区，就把功臣和臣服的少数民族首领分封在外地，被分封者称为侯或伯，开了周代分封制的先河。其中周人的祖先就是在武丁时代被征服并接受了商的封号。

武丁施展治国才干，大力发展农业生产，使农牧业产量大大提高。与此同时，他还严明法律，使一切都井然有序。商王朝人口得到增加，国力逐渐增强。

在武丁的治理下，商王朝自此兴盛起来。至武丁末年，商朝已成为西起甘肃，东到海滨，北及大漠，南逾江汉，包含众多部族的泱泱大国，实际上奠定了秦始皇之前华夏族大体上的疆域。

公元前1192年，武丁去世。在武丁之前，商朝的王位继承以兄死弟继为主，从武丁开始，由他的儿子祖庚继位。此后逐渐确立了父死子继的制度。

武丁开拓了广大的疆域，而商代的科技成就，也从一个侧面反映了武丁时代的不世之功。这些成就有的可能不是武丁时代的成果，但武丁创造了商朝的盛世，这对于当时科技文化的发展具有不可低估的直接或间接作用。

在商朝时，日历已经有

■ 商代甲骨文

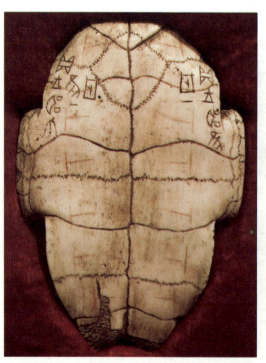

大小月之分，规定366天为一个周期，并用年终置闰来调整朔望月和回归年的长度。商代甲骨文中有多次日食、月食和新星的记录。

商代甲骨文中有大至3万的数字，确立了明确的十进制，奇数、偶数和倍数的概念，有了初步的计算能力。

商代掌握了许多光学方面知识并得到应用。商代出土的微凸面镜，能在较小的镜面上照出整个人面。

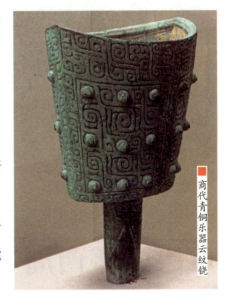

商代青铜乐器云纹铙

武丁的雄才大略和政治理想不仅体现在对外征伐、文明输出，而且还体现在殷商国内各行业的快速发展，从而造就了一个积极进取，不断开拓的时代。

阅读链接

武丁在体验生活时，有一天对傅说说："假如有一天我能做国王，一定让你做我的近臣。"

傅说说："我们这些奴隶连自由都不敢想，哪还谈得上当国王呢！"

武丁不再说话。

武丁即位后把傅说请来，傅说见国王竟是以前的杂役，不禁大吃一惊。武丁就向傅说讲述了事情的来龙去脉与自己的打算，希望他在出谋划策的同时，能及时纠正自己的错误，以便兴国富民。

傅说听了武丁一席话，感动得热泪盈眶，他表示一生愿为武丁效犬马之劳。

成康强盛西周

我国西周时期，周成王和其子周康王继承周文王和周武王的功业，励精图治，务从节俭，克制多欲，令周公制礼作乐，创立和推行王朝各种典章制度，大规模进行自周武王时开始的分封制，加强对周王朝的统治。

在周成王、周康王相继在位的40余年间，天下安宁，国力强盛，经济繁荣，文化昌盛，社会安定，刑具40余年不曾动用，是西周最为强盛的阶段，被史家称为"成康之治"。

■ 周康王姬钊画像

■ 周公辅政蜡像

周武王灭商居功至伟，他去世后，太子姬诵继立，是为周成王。周成王年幼，就由曾经辅佐周武王的弟弟周公旦代行国政。

周公旦是一个大政治家，依据西周原有的制度，参酌殷礼，有所损益，便制定出一套巩固封建统治的制度来，这就是后世儒家所极力称颂和推崇的"周公旦之礼"或"周典"。

周武王的两个弟弟管叔、蔡叔怀疑周公旦将篡夺王位，诋毁周公旦，并和以武庚为首的殷遗民联络，一时朝野流言四起。武庚本人也认为有机可乘，便积极图谋复国。

于是，他们勾结在一起，并纠集了徐、奄、蒲姑和熊、盈等方国部落起兵反周。

周公旦处在内外交困的境地。他向周成王解释清楚后，毅然率领军队，进行东征。经过3年的艰苦作战，周公旦杀武庚，黜管蔡，攻灭奄、徐等17国，俘

洛邑 现在的河南省洛阳。西周时期的东都，东周时期的国都，也称成周。当时认为成周位于天下中心，四方贡赋道里均等，又把曾反抗周朝的殷民迁到其东郊，借以控制，所以，洛邑在西周的政治经济中起有重要作用。

商贵族及遗民为俘虏。

为了消弭殷商的残余势力，也为了巩固西周的统治，周公旦首先命令诸侯在伊洛地区合力营建新城，即东都洛邑。洛邑建成之后，把曾经反对周朝的殷遗民迁徙到这个地方，严加控制。同时，周公旦建议周成王实行分封制。

周成王听从周公旦的建议，把奄国封给周公的大儿子伯禽，让他做鲁侯，故都在今山东省曲阜；又封他的外祖父太公吕尚做齐侯，故都在今山东省临淄。这样一来，齐、鲁两大国代替了奄和蒲姑，商朝不能再反叛了。

周召公的儿子封在燕，故都在今河北省易县，后迁都今北京。周成王的弟弟叔虞封在唐，故都在今山西省太原县，后称晋国。当年周武王攻灭商朝时，纣王的庶兄微子启曾抬着棺材到周武王的军队前投降。

武庚死后，周成王把商朝旧都商丘封给微子启，爵位为"公"，国号为宋。宋国附近，实际上还有陈、杞和焦3个国家，这样分封是为了监视宋国。

周成王实行"封土建国"政策，按疆土距京城的远近，把土地及

太平盛世
历代盛世与开明之治

周公分封诸侯

■ 周文王（前1152—前1056），姓姬名昌，黄帝后裔，季历之子，华夏族人，西周奠基者。商纣王统治时，他被封为西伯，也称伯昌。他治理岐山50年，使岐山的政治和经济得到了极大发展。其子姬发得天下后，追尊他为"周文王"。孔子称周文王为"三代之英"。

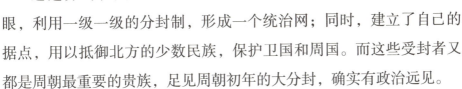

土地上的人民赐予分封者。一方面，受封者在所封的土地上握有政治、经济、军事等大权，实行全面的统治；另一方面，受封者要对周天子承担镇守疆土、出兵勤王、缴纳贡赋、随王祭祀等义务。

通过分封，周天子从长远处着眼，利用一级一级的分封制，形成一个统治网；同时，建立了自己的据点，用以抵御北方的少数民族，保护卫国和周国。而这些受封者又都是周朝最重要的贵族，足见周朝初年的大分封，确实有政治远见。

周公旦见西周政权得以巩固，便功成身退，还政于周成王，周朝进入巩固时期。到周成王姬诵在位后期，政治清明，人民安居乐业。

周成王病故后，他的儿子姬钊继位，是为周康王。周康王在老臣召公、毕公陪同下，率领诸侯来到祖庙。两位把周文王、周武王创业的艰辛告诉周康王，告诫他要节俭寡欲，勤于政事，守住祖先的基业。周康王一一记下，决心不负众望，把国家治理好。

周康王继续推行周成王在位期间所实行的国策，再接再厉，使经济得到更大的发展，国库丰裕，人民安居乐业，社会安定团结，到处呈现一派升平盛世的景象。生活好了，犯罪案件也少了，可以说是路不拾遗、夜不闭户。

所有这些，跟周康王的努力是分不开的。

周康王在位时，西北方的犬戎兵经常对边境进行侵扰，给周朝带来极大的损失和威胁。为了使国家长治久安，周康王果断做出了发动征伐鬼方战争的决定。

这次决定是经过一番谨慎的考量和充分的准备的。一方面国内政治稳定，经济繁荣，综合国力不断上升；另一方面，军队经过治理整顿，战斗力大大提高，发动这样一场战争已经是胜券在握了。于是，周康王命得力将领率领大军进攻犬戎。

经过两次大规模的作战，战斗力已经大大增强的周军取得决定性的胜利，歼灭敌人4800多人，俘获1.3万多人，并缴获大量车马和牛羊等战利品，使边境在很长的一段时间内得到安定。

从周朝开始，进行境内各个民族与部落的不断融合，在这期间，逐步形成了华夏族，成为现代汉民族的前身。在当时，还有其他少数民族如夷族、蛮族、越族、戎狄族、肃慎族、东胡族等，也都加入到融合的行列中。

周成王及其子周康王在周公旦的辅佐下，将文王、武王时的一些好传统继承下来，西周的奴隶制进一步巩固，王权进一步加强。同时，文化昌盛，社会安定，据说刑具40年间不曾用过。

阅读链接

周成王小的时候，有一天，他和与自己感情非常好的小弟弟叔虞在官中的一棵梧桐树下一块儿玩耍。

忽然，一阵秋风吹来，梧桐树上的叶子纷纷飘落。风过后，地上留下了许多梧桐叶。

周成王一时兴起，便从地上捡起一片梧桐叶，用小刀切成一个像当时大臣们上朝时手中所持的"圭"，并随手将它送给了叔虞，以玩笑的语气对他说："我要封给你一块土地，喏，你先把这个拿去吧！"

周成王执政以后，实现了诺言，将叔虞册封于唐地。

秦汉至隋唐是我国历史上的中古时期。秦汉帝国与隋唐帝国的终始，间隔1100余年。其间延续较长的王朝，都会在其早期出现一次"治世"。作为封建盛世的典范，它们表现出了一致的特征：百姓富庶，社会经济高度繁荣；文治兴盛，文化繁荣。

这些现象以惊人相似的面貌在不同时期显现，如果从"一般"的角度予以审视与考察，不难从中发现某种"必然"的东西。事实上，荣辱皆因统治者之手而生！

中古时期

治世盛景

西汉文景治世

　　西汉王朝建立之初，经济萧条，其统治者吸取秦灭的教训，减轻农民的徭役和劳役等负担，注重发展农业生产。西汉王朝建立后，统治者着力于恢复农业生产，稳定统治秩序，收到了显著的成效。

　　汉文帝和汉景帝相继即位后，又在这基础上进一步采取了轻徭薄赋，与民休息的政策，使生产日渐得到恢复并且迅速发展，汉王朝的物质基础大大增强，人民的生活水平得到了很大程度的提升，是我国历史上经济文化发展水平最高的时期，史称"文景之治"。

■ 汉文帝刘恒画像

汉初统治者坚持黄老之学"赏罚信"的思想，主张严格执法，即使皇帝也不得犯法。汉文帝就是一位不以个人意志破坏法律规定而循守成法的皇帝。

一次，汉文帝出行中路过渭桥，有人从桥下走出，使汉文帝乘车的马受惊而跑。廷尉判处此人罚4两金。汉文帝要求处死。

张释之向汉文帝说："法律是天子和天下人共同制订的，如果我们轻易地改变法律，就会使人们对法律失去信任，不知怎样做才对。"汉文帝最后表示廷尉做得对。

汉文帝最重要的改革是废除对受审者肉体上的处罚，改革刑制。这一刑制的改革，在我国法制史上的意义是重大的，它是我国古代刑制由野蛮阶段进入较为文明阶段的标志。

这一改革，为刑制向新笞、杖、徒、流、死这一"五刑"的过渡奠定了基础。

汉代在军事重镇或边地要塞，都设关卡以控制人口流动，检查行旅往来。出入关隘时，要持有"传"，即通过关卡的符信，也就是凭证，方可放行。

公元前168年，汉文帝取消出入关的"传"，从而有利用于商

算赋 秦汉时政府向成年人征收的人头税。创于商鞅。这种作为军赋征收的人头税，在秦时或称口赋。公元前203年，汉高祖刘邦下令，确定十五岁以上到五十六岁出赋钱，每人一百二十钱为一算，是为算赋，东汉时称口算，从此成为定制。

品的流通和各地区间的经济联系，对于农业生产的发展也有一定的促进作用。

为了吸引农民归农力本，汉文帝以减轻田租税率的办法，改变背本趋末的社会风气，用来激发农民的生产积极性。

公元前178年和公元前168年，汉文帝曾两次"除田租税之半"，即租率由"十五税一减为三十税一"，即纳三十分之一的税，13年免去全部田租。

自此以后，"三十税一"成为汉代定制。算赋也由每人每年120钱减至每人每年40钱。另外，成年男子的徭役减为每3年服役一次。这样的减免，在我国封建社会史上是独一无二的。

公元前158年，汉文帝下令，开放原来归属国家的所有山林川泽，准许私人开采矿产，合理利用和开发渔盐资源，从而促进了农民的副业生产和与国计民生有重大关系的盐铁生产事业的发展。

公元前168年，号称"智囊"的太子家令晁错向汉文帝建议入粟拜爵，并在他的《论贵粟疏》中宣传此思想，这一套思想非常符合汉文帝时期充实国力的目的。

汉文帝采纳了这个建议，

■ 汉景帝刘启画像

采取公开招标价卖爵的办法来充实边防军粮。入粟拜爵办法的实行，使农民的处境暂时有所改善，而晁错的《论贵粟疏》也被后世广为传诵。

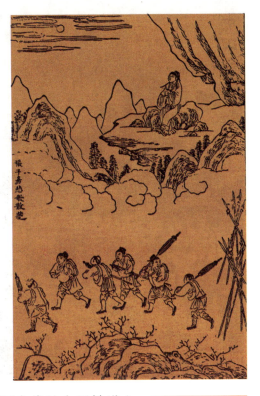

由于汉文帝采取了上述的方针和措施，使当时社会经济获得了显著的发展，统治秩序也日臻巩固。西汉初年，大的侯封国不过万家，小的五六百户；至汉文帝和汉景帝时期，流民还归田园，人口迅速繁息。列侯封国大者至三四万户，小的也户口倍增，而且比过去富裕多了。我国古代社会开始进入治世。

■ 西汉人远行图

公元前157年，汉文帝驾崩。汉文帝的长子刘启即位，是为汉景帝。

汉景帝除了支持李广等边将对匈奴抵抗，及维持和战之外，还采取了一些措施，为以后汉武帝时期匈奴问题的彻底解决做了很多准备工作。

汉景帝执行黄老无为而治的政策，采取了一系列行之有效的措施。允许居住在土壤贫瘠地方的农民迁徙到土地肥沃、水源丰富的地方从事垦殖，并"租长陵田"给无地少地的农民。

同时，还多次颁诏，以法律手段，打击那些擅用民力的官吏，从而保证了正常的农业生产。他曾两次

晁错（前200—前154），颍川，即今河南省禹县人。是西汉文帝时的智囊人物，后历任太常掌故、太子舍人、博士、太子家令、贤文学。在教导太子中受理深刻，辩才非凡，当时被太子刘启尊为"智囊"。后因七国之乱被腰斩。

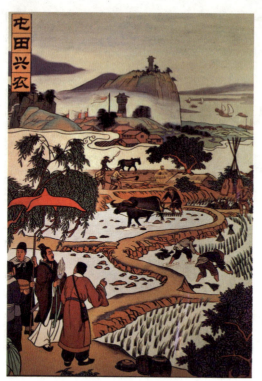

屯田兴农

■ 西汉屯田兴农图

太平盛世

历代盛世与开明之治

文翁 名党，字仲翁，庐江舒人。汉景帝末年为蜀郡守，他在位期间，兴教育、举贤能、修水利，政绩卓著。为纪念文翁，庐江县建乡贤祠，首立文翁崇祀，以启后贤；舒城县将原文冲小学改名为文翁小学，原枫香树中学改名为文翁中学。

下令禁止用谷物酿酒，还禁止内郡以粟喂马。

汉景帝颁布了诏令："令田半租"，即收取汉文帝时"十五税一"之半，即"三十税一"。从此，这一新的田租税率成为西汉定制。

公元前155年，汉景帝又下令推迟男子开始服徭役的年龄3年，缩短服役的时间。这一规定一直沿用至西汉昭帝时代。

汉景帝在法律上实行轻刑慎罚的政策：其一，继续减轻刑罚，如前所述，对汉文帝废肉刑改革中一些不当之处的修正；其二，强调用法谨慎，增强司法过程中的公平性；其三，对特殊罪犯给予某些照顾。

汉景帝时期，由于社会经济的恢复及发展已达到相当的程度，所以统治阶级上自汉景帝，下至郡县官都逐渐重视文教事业的发展；当时在教育领域中最突出的就是文翁办学。文翁首创了郡国官学，对文化的传播起了重要作用。

汉景帝一面弘扬文教礼仪，一面又打击豪强。为了保证上令下达，汉景帝果断地采取了多项措施。

重要的有两项：一是在修建阳陵时，效法汉高祖迁徙豪强以实关中的做法，把部分豪强迁至阳陵邑，使他们宗族亲党相互分离，削弱他们的势力，以达到强干弱枝的目的；二是任用酷吏，如郅都、宁成、周阳等，严厉镇压那些横行郡国、作奸犯科者，收到了杀一儆百的功效，使那些不法豪强、官僚、外戚等人人股栗，个个惴恐，其不法行为大大收敛，这便局部地调整了阶级关系，有利于社会的发展。

上述措施的推行，进一步促进了社会经济的稳定和发展。人口翻番，国内殷富，府库充实。

据说，汉景帝统治后期，国库里的钱堆积如山，串钱的绳子都烂断了；粮仓满了，粮食堆在露天，有的霉腐了。但是，文景时期社会经济的发展，又带来了贫富悬殊的分化。这种状况，既为后来汉武帝实施"雄才大略"提供了雄厚的物质基础，又给西汉中期带来了新的社会问题。

公元前141年正月，汉景帝患病，病势越来越重，他自知不行了，于是病中为太子主持加冠，临终

官学 是指我国封建朝廷直接举办和管辖，以及历代官府按照行政区划在地方所办的学校系统，包括中央官学和地方官学。中央官学创办于汉朝，繁盛于唐朝，清朝末年，被学堂和学校所代替。地方官学自汉代设立。隋唐时期地方官学繁盛。元代地方官学制度比较完备。

■ 古代耕作蜡像

■ 西汉历史故事图

前，对刘彻说："一个人不但要知人、知己，还要知机、知止。"

汉景帝似乎已经感觉到儿子有许多异于自己的品质，把天下交给他是放心的，路还是让他自己走吧，多嘱咐也无益。汉景帝太累了，去世时仅仅48岁。

汉文帝和汉景帝顺应历史发展，采取与时代相应的统治政策，符合当时社会的发展状况，因而促进了政治和经济的进步，出现了我国历史上前所未有的繁荣局面。

阅读链接

汉文帝时，齐太仓令淳于公犯了罪，因为他做过官，所以要押解到长安去受刑。

淳于公幼女缇萦非常悲痛，便随父到长安，上书文帝，说："臣妾愿意入官府为奴婢，来抵赎父罪。"

汉文帝看了信，觉得小姑娘说得也很有道理，便召集制定法律的官员，要他们用别的刑罚来代替肉刑，后来就改为以打板子来代替肉刑。

对汉文帝废除肉刑，后世有许多评说，大多是认为出于"悲怜"缇萦，体现了文帝的"德政"。

汉武帝开创盛世

汉武帝是汉朝第七位皇帝，身为雄才大略的政治家，他的时代所产生的政治思想与规划，在历史上留下了深刻的影响。他在位期间，励精图治，对内广揽人才，发展经济；对外征伐四夷、开通西域，使汉王朝走向鼎盛，并且政治、经济、军事、文化及哲学都有相当程度的发展。西汉帝国以其精神文化和物质文化的辉煌成就成为东方文明的骄傲，在林立于世界的不同文化体系之中居于领先的地位。

汉武帝时代的政治体制、经济形式和文化格局，对后世皆留下相当重要的历史影响。后世称之为"汉武盛世"。

汉武帝刘彻画像

■ 汉武帝与大臣商
谈国事蜡像

主父偃 （？—
前126），汉武
帝时大臣。临
淄，即今山东临
淄人。他出身较
贫寒，早年时学
长短纵横之术，
后学《易》《春
秋》和百家之言。
他曾做过谒者、
中郎、中大夫，
后被汉武帝破格
任用。并向汉武
帝提出了"大一
统"的政治主张。

公元前140年，年仅16岁的刘彻即位，他就是我国历史上赫赫有名的汉武帝。公元前113年，汉武帝以当年为元鼎四年，并追改以前为建元、元光、元朔、元狩，每一年号六年。他是我国历史上第一位使用年号的皇帝。

汉武帝即位之初，在继续推行汉景帝各项政策的同时，采取了一系列强化中央集权的措施。

为了加强中央集权，汉武帝接受主父偃的建议，允许诸王将自己的土地分给子弟，建立较小的诸侯国，即"推恩令"。这样，就使原来独立的地方王国自动地将权力上交给了国家。

此后，地方的王与侯仅仅享受物质上的特权，即享用自己封地的租税。但是没有了以前的政治特权。他还一次性削去了当时一半的侯国，从而奠定了大一统的政治格局。这种做法，成为此后两千年间中华帝国制度的基本范式。

在军事方面，主要是集中兵权，充实了中央的军事力量；改革兵制。后又派卫青和霍去病出击匈奴，使北部边郡得以安定。他还以武力平定四方，大幅开拓领土。如三越、西南夷、朝鲜半岛北部和西羌等地，成为西汉领土的一部分，而倭奴国、朝鲜半岛南部和东南亚等地，也开始与西汉有文化上的交流与商业上的往来。

公元前140年，汉武帝欲联合大月氏共击匈奴，张骞应募任使者。张骞通西域，虽然起初是出于军事目的，但西域开通以后，它的影响，远远超出了军事范围。

从西汉的敦煌，出玉门关，进入新疆，再从新疆连接中亚细亚的一条横贯东西的通道，再次畅通无阻。这条通道，就是后世闻名的"丝绸之路"。

"丝绸之路"把西汉同中亚许多国家联系起来，促进了它们之间的政治、经济和军事、文化的交流。

在思想方面，汉武帝采纳董仲舒"罢黜百家，独尊儒术"的建议，使儒学成为了我国社会的统治思想，大力推行儒学，在

卫青 （？—前106），字仲卿，汉族，河东平阳，即今山西省临汾市人。西汉武帝时大司马大将军。谥号"烈"。他战法革新始破匈奴，首次出征就打破了自汉初以来匈奴不败的神话，曾七战七胜，为北部疆域的开拓作出了重大贡献。

■ 张骞去西域图

■ 董仲舒（前179—前104），是西汉一位与时俱进的思想家、儒学家，西汉时期著名的唯心主义哲学家和今文经学大师。汉景帝时任博士，讲授《公羊春秋》。他把儒家的伦理思想概括为"三纲五常"，汉武帝采纳了董仲舒的建议，从此儒学成为官方哲学，并延续至今。其教育思想和"大一统""天人感应"理论，为后世封建统治者提供了统治的理论基础。其"罢黜百家，独尊儒术"主张，对我国文化的影响尤其深远。

长安设太学。

儒家学说成为我国封建统治正统思想，一直延续了2000多年，对后世我国政治、社会、文化产生了深远的影响。但是也有弊端，就是不利于思想多元化的发展。

在经济方面，汉武帝致力于重农轻商，整顿财政，征收商人资产税，大力打击奸商；又采取桑弘羊建议，将冶铁、煮盐收归官营，禁止郡国铸钱，统一铸造五铢钱；设置平准官、均输官，由官府经营运输和贸易，大大增强了国家经济实力。

同时兴修水利，移民西北屯田，实行"代田法"，有利于农业生产的发展。在经济方面还有一条重要的举措，就是将当时的货币进行统一。

代田法 西汉武帝时期赵过推行的一种适应北方旱作地区的耕作方法，即在同一地块上作物种植的田垄隔年代换。赵过在用地养地、合理施肥、抗旱保墒、光能利用、改善田间小气候诸方面多建树，是后世进行耕作制度改革的先驱和祖师。

汉武帝还取消郡国铸币的权力，改由中央朝廷铸造，另外发行新的货币，名"五铢钱"，使仿铸者无利可图。之后立五铢钱为全国唯一合法流通的货币，垄断造币的原料和技术，从而一扫私人铸币之风。

西汉文化建设，在汉武帝时代取得重大突破。汉武帝能够以宽怀之心，广聚人才，给予他们文化发挥的宽阔舞台，诱使他们充分表现自己的文化才干。

汉武帝以独异的文化眼光，使很多人才不致埋没。比如公孙弘、董仲舒、司马迁、司马相如、东方朔、李延年、张骞、苏武、卫青、霍去病等，都在历史上留有盛名。

正是由于汉武帝身边聚集了各种不同类型的人才，因此形成了历史上引人注目的文化盛况。

汉武帝曾经认真反思过去自己施政的所作所为，他利用远征军失利的时机发表了著名的轮台之诏，不再奉行穷兵黩武的政策，使西汉国势得以避免恶化。

汉武帝创造了六个"第一"：第一个用儒家学说统一思想；第一个创立太学培养人才；第一个大力拓

五铢钱 公元前118年，汉武帝在中原开始发行五铢钱，从此开启了汉五铢钱的先河。这种小铜钱外圆内方，象征着天地乾坤；轻重适中，合乎古代的社会经济发展状况与价格水平对货币单位的要求。五铢钱奠定了我国硬通货铸币圆形方孔的传统。

■ 董仲舒建言汉武帝图

汉武帝塑像

展我国疆土；第一个开通西域；第一个用皇帝年号来纪元；第一个用罪己诏形式进行自我批评。正是由于这些功绩，西汉进入鼎盛时期，也是我国封建时代的第一个盛世。

汉武帝在位54年期间，励精图治，对内广揽人才，创设制度，发展经济；对外征伐四夷、开通西域，从而使汉王朝走向鼎盛。

汉武帝建立了一个国家前所未有的尊严；他给了一个族群挺立千秋的自信；他的国号成了一个伟大民族永远的名字。

阅读链接

据民间传说，天上的王母娘娘见汉武帝喜欢求仙访道，十分虔诚，心里头很高兴。

农历七月初七这天晚上，汉武帝又到承平殿祭祀供奉的神仙，这时有青色的鸟从西方飞来，落在承平殿里。当时有个奇人名叫东方朔，一看就说这是青鸟，是西王母的使者。

汉武帝一听，又惊又喜，天天拜神仙求神仙保佑。

王母娘娘对汉武帝虔心敬神十分欢喜，于是当面就许给他开疆扩土、文治武功、江山一统的功业，保佑他江山永固。从那以后，汉武帝果然是成就大业。

汉光武中兴东汉

汉光武刘秀是东汉的开国皇帝，在他统治时期，扫灭新莽，绍续汉业，经济恢复，人口增长。同时采取整顿吏治，提倡节俭；薄赋敛，省刑法，偃武修文，不尚边功，与民休息；欲抑制豪强势力，实行度田政策等措施，在他当政的中、后期乃至明帝时期，出现了一个马放南山，户门不闭，四夷宾服，家给人足，政教清明的稳定和谐的社会局面。

刘秀统治时期，被史家称为"光武中兴"，也是近代"治世"的代名词。

■ 光武帝刘秀画像

■ 王莽（前45—23），字巨君，我国历史上新朝的建立者，即新始祖，公元8年，王莽代汉建新，建元"始建国"，宣布推行新政，史称"王莽改制"。王莽统治的末期，天下大乱，起义军攻入长安，王莽死于乱军之中。王莽在位共15年，而新朝也成了我国历史上最短命的朝代之一。

西汉末年，王莽以禅位这种转移政权的方式，废西汉年幼的皇太子刘婴，改国号为新，年号为"始建国"。但这个短命王朝很快被绿林、赤眉起义推翻。

正当两支起义大军各立天子、相互混战之际，刘秀乘机壮大自己的势力，并最终取得了统一战争的胜利，重建了汉室天下。这就是"东汉"政权。使用的年号分别是建武和建武中元。

东汉封建政权建立后，汉光武帝汲取历史的经验教训，先后采取了一系列加强皇权，缓和阶级矛盾及休养生息的政策措施，使东汉初年达到大治。

汉光武帝首先以优待功臣贵戚为名，赐以爵位田宅，高官厚禄，而摘除其军政大权。

此外，他下诏令司隶州牧各部省减吏员，同时废除西汉时的地方兵制，撤销内地各郡的地方兵，裁撤郡都尉之职，也取消了郡内每年征兵训练时的都试，地方上的防务改由招募而来的职业军队担任。

汉光武帝继承了西汉时期独尊儒术的传统，东汉建立后，即兴建太学，设置博士，各以家法传授诸经。特别是对儒家制造的谶纬之学更是崇拜备至。

在提倡儒学神学的同时，汉光武帝鉴于西汉末年一些官僚、名士醉心利禄，就对王莽代汉时期隐居不仕的官僚、名士加以表彰、礼聘，表扬他们忠于汉室、不仕二姓的"高风亮节"，培养重名节的社会风气，为巩固东汉封建统治服务。

汉光武帝注意民生，与民休息。他在重建刘汉封建政权中，为了瓦解敌军，壮大自己的力量，也为了安定社会秩序，缓和阶级矛盾，曾多次下诏释放奴婢，并规定凡虐待杀伤奴婢者皆处罪，免奴婢为庶人的范围。

这使得奴婢的身份地位较之过去有所提高。同时，在省减刑罚的诏令中，还多次宣布释放刑徒。

汉光武帝鉴于西汉后期吏治败坏、官僚奢侈腐化的积弊，即位以后，注意整顿吏治，躬行节俭，奖励廉洁，选拔贤能以为地方官吏；并且对地方官吏严格要求，赏罚从严。因而经过整顿之后，官场风气为之一变。

东汉初年，针对战乱之后，生产凋敝，人口锐减的情况，汉光武帝实行与民休养生息政策。汉光武帝下诏恢复西汉前期"三十税一"的赋制，并把公田借给农民耕种，提倡垦荒，发展屯田，安置流民，赈济贫民。

这样一来，东汉初年的封建租赋徭役负担减轻，农民安居乐业，生产得到了大大恢复。

赤眉 新莽末年兴起于今山东东部的一支农民起义军名称。主要领导人有樊崇、徐宣，军队约134万人。为便于区别，用赤色染眉，故名。见绿林赤眉起义。赤眉军是我国新莽末年起事的军队之一，因将眉毛染红，示别于朝廷军，故称作赤眉军。

■ 汉光武帝刘秀

■ 古人耕种蜡像

度田 东汉初年光武帝为加强封建国家对土地与劳动力控制，增加朝廷租税与赋役收入而采取的政策。汉光武帝下诏州郡检核垦田顷亩及户口年纪，名为"度田"。度田形式上也成为东汉朝廷的定制，然仅由郡县官吏岁时"按比"，其效果不可与建武年间度田同日而语。

东汉三十九年，下诏实施度田，令各郡县丈量土地，核实户口，作为纠正垦田、人口和赋税的根据。州郡官吏多为豪强地主，不愿如实丈量土地，呈报户口，损害自身的经济利益。

特别是对河南、南阳地区那些"近臣"和"帝亲"的豪强地主，度田官更是不敢对他们度田。一般的豪强地主，也凭借财势与度田官相互勾结，大量隐瞒土地。

度田官则借度田之名蹂躏百姓，不仅丈量农民的小块耕地，而且连住宅村落都丈量在内，把地主的租税负担转嫁到农民头上，引起农民的反抗。

面对两种不同性质的反抗，光武帝采取镇压与安抚并用的手段，把捕到的作乱首领人物迁往他郡，切断他们与原所在郡的联系。经过度田事件后，郡国大姓的抗衡平静下来。

汉光武帝一改以前对少数民族进行征服的大民族主义，从休养生息的总方针出发，确定了自己的一套民族政策，从而为东汉王朝经济的恢复和发展提供了一个和平的外部环境。

比如实行"逸政"安边，不妄开战端；着眼于合作发展，实施扶持政策；试行"以边制边"，采取"自治"政策等。从主流上看，刘秀对周边少数民族采取的是友好、友善、自治、互助的政策，属于以德治边。

这些政策成功地缓和了民族矛盾，避免了大规模的战争。

汉光武帝各项政策措施，都不同程度地得到了实行，为恢复发展社会生产创造了有利的条件，使得垦田、人口都有大幅度的增加，从而奠定了东汉前期八十年间国家强盛的物质基础。

经过几十年的经营，东汉出现了经济繁荣的景象。东汉的农业、手工业都得到了大大发展。铁制农具的改进，牛耕的普及，水利工程的广泛修建，使生产技术大大提高；冶铁技术的改进，使铁的产量大为增加；精美的铜器、漆器、丝织品反映出高超的手工业工艺；通都

■ 古代农业生产复原图

古代纺织图

大邑商业繁荣，商人的足迹远至西域和国外。

汉光武帝经历过战乱的岁月，深知百姓疾苦，也懂得王莽的覆灭是因为没有看到人民的力量，在治国之道上避免战争，安养民众。

这样，他所统治的10多年间，全国出现了较为安定的局面，经济恢复，人口增加。尽管如此，光武帝仍时常告诫皇太子和文武大臣，少说空话，多办实事，保持和平。

阅读链接

汉光武帝深谙"中和"之道，并以此道化解了诸多矛盾。即位之初，他根据谶文任命平狄将军孙咸代理大司马，众人都不高兴。于是他就转而采取推举法，结果有吴汉和景丹两个人选。

这时，汉光武帝说："景将军是北州的大将，是大司马这样的人选，但吴将军有重大决策的大功。过去的官制规定，现在骠骑将军的官职可以与大司马相互兼任。"

于是，他任用吴汉为大司马，授任景丹为骠骑大将军。这样一来，两人及群臣都再也没什么意见了。

西晋武帝太康之治

西晋武帝司马炎是晋朝开国君主。他吸取教训，厉行节俭，虚心纳谏，用人唯贤，采取一系列经济措施以发展生产，并废屯田制，颁行户调式，包括占田制、户调制和品官占田荫客制；劝课农桑，兴修水利，使得民和俗静，家给人足，牛马遍野，余粮委田。

与此同时，他还大力发展文化事业，弘扬民族文化，颁行《泰始律》。

建国之初，社会民生富庶，人民安居乐业，经济文化繁荣，出现了四海平一，天下康宁的景象，史称"太康之治"。

■ 晋武帝塑像

百戏 是古代民间表演艺术的泛称，秦汉时已经出现，汉代称"角抵戏"。包括找鼎、寻橦、吞刀、吐火等各种杂技幻术，装扮人物的乐舞，装扮动物的"鱼龙曼延"及舞蹈和器乐演奏与带有简单故事的"东海黄公"等，是综合性娱乐节目。

265年，司马昭病死，司马炎继承了相国晋王位，登上帝位，改国号为晋，史称为"西晋"，司马炎就是西晋武帝。使用的年号依次是泰始、咸宁、太康和太熙。

执政之初，为了完成消灭江南东吴政权统一全国大业，晋武帝在战略上做了充分准备。

在此之前，他就派羊祜坐守军事重镇荆州，采取了"以善取胜"的策略，向吴军争取军心。时机成熟后，迅速发兵，六路大军直指江南。

由于西晋武帝准备充分，时机恰当，战略正确，前后仅用了4个多月，便夺取了灭吴战争的全部胜利，东吴的全部郡、州、县，正式并入西晋版图。

全国统一后，西晋政治上趋于安定，但由于多年战争的创伤，老百姓生活依然很艰苦。西晋武帝总结前代亡国的教训，认为曹魏朝廷束缚、防范宗室，导致皇帝孤立无援。

为了卫皇室，他实行5等封爵之制，把大批同宗的叔侄弟兄封作王。即位之始一次封王27人，以后又陆续增封，总计达57王，并允许诸王自选王国内的长吏。宗王出镇是西晋武帝加强宗室权势的重要措施，对以后西晋的政局影响极大。

西晋武帝由于凭借朝臣、士族的支持，才得以建立西晋政

■ 西晋青釉薰炉

权，所以对拥戴有功的大臣和世家大族极力照顾。

他杂糅上古及汉代"三公"的名目，在中央朝廷设置品级极高的太宰、太傅、太保、太尉、司徒、司空、大司马、大将军等职，号称"八公"，成为历史上鲜见的因人设官的典型。

西晋立国之初，年富力强的西晋武帝雄心勃勃，意欲有所作为。他先后颁布过一些旨在移风易俗、革除前朝弊政的措施。

撤销对曹魏宗室和汉朝宗室的督军，宣布解除对他们的禁锢；罢除曹魏朝廷对出镇和出征将士留取人质的法令；恢复被曹魏废止的谏官制度，开直言之路；提倡节俭。

削减各郡国朝廷对皇室的贡调，禁止乐府排演开支较大的靡丽百戏，停止有司制作各种游戏田猎的器具。

■ 司马昭（211—265），字子上，河内温，即今河南省温县人。三国时期曹魏权臣，西晋王朝奠基人之一。司马昭继承父兄权力，弑魏帝曹髦，彻底控制了曹魏政权。其子司马炎称帝后，追尊司马昭为文皇帝。有著名的成语"司马昭之心，路人皆知"。

西晋武帝在用人方面尽量不计旧怨，启用某些原属于曹魏集团的官吏。太常丞许奇的父亲许允因参与魏主废黜司马师的密谋，事泄被杀。

西晋武帝认为许奇有才，不顾别人反对，把他提

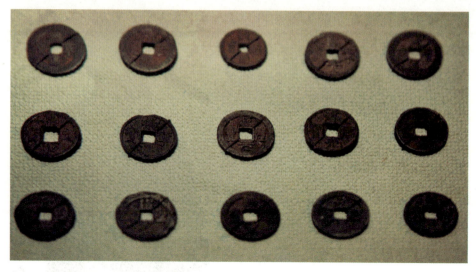

西晋时期的钱币

祠部 官署名。东晋设祠部尚书为主官，掌祭祀之事。南北朝沿设，除祠部一曹外，也兼辖他曹，内容颇杂。隋改部名为礼部，辖四曹，即礼部、主客、膳部，余各曹分归兵部、工部。从此祠部成为礼部所属机构，明、清改称祠祭司，祠部又为礼部司官的习称。

升为祠部郎。以后，他还选用了一批原在蜀汉朝廷任职的人，其中包括著名的学者谯周和文立等人以及诸葛亮的孙子诸葛京。

为了恢复经济，发展生产，西晋武帝颁布了西晋基本经济和财政制度户调式，包括占田制、户调制和品官占田荫客制3项内容。

占田制就是让每个农民都可以合法地去占有应得的田地；户调制即征收户税的制度；品官占田荫客制是一种保障贵族、官僚们经济特权的制度，同时也有为贵族、官僚们占田和奴役人口的数量立一个"限制"的用意，以制止土地无限制地兼并和隐瞒户口的情况出现。

户调式制度是从一定程度上，用行政的手段使大量的流动、闲散的人口分到土地，使他们从事农业生产，这对于稳定社会秩序，促进社会经济的恢复与发展起到了积极作用。

西晋武帝很注意开垦荒地，兴修水利。如在汲郡开荒5000多顷，郡内的粮食很快富裕起来，又修整旧陂渠和新开陂渠，对于灌溉和运输起到了很重大的作用。

西晋武帝还采取一些措施增加中原地区的人口。

他下令，17岁的女孩一定要出嫁，否则要由官府代找婆家。灭蜀之后，招募蜀人到中原，应召者由国家供给口粮两年，免除徭役20年。灭吴后，又规定吴国将吏北来者，免徭役10年，百工和百姓免徭役20年。

西晋武帝还命人完成了《泰始律》。这是我国封建社会中第一部儒家化的法典，在实行中起到了缓和阶级矛盾和统治阶级内部矛盾的作用，巩固了封建统治。《泰始律》在我国法律发展史上有着很重要的地位，是我国古代立法史上由繁入简的里程碑。

由于西晋武帝采取了这样一系列强有力的经济措施，从而使农业生产逐年上升，国家赋税收入逐年充裕，人口逐年增加，仅平吴之后不到3年时间，全国人口就增加了130多万户，出现了"太康繁荣"的景象。

西晋武帝西晋武帝在位20多年。他曾为经济、文化的发展作出了突出的贡献。

青瓷执物俑

青瓷褐彩龙首壶

但是，受时代的影响，他在政治制度上基本上沿用了汉代以来的分封制，严重地削弱了中央集权的巩固。再加上他晚年生活奢侈腐化，宫中姬妾近万人，上行下效，各级官吏不理政事，斗富成风，奢侈之风盛行，最后引发司马氏同姓王之间争夺权力的"八王之乱"，加速了西晋王朝的灭亡。

"太康繁荣"的盛景很快失去了昔日的光彩，但它作为一段短暂的历史，记入了中华民族历史的画卷。

阅读链接

西晋武帝在统治后期，原来很节俭的他追求起了奢靡的生活，开始丧失了进取心。

据说这时他的后宫美女人数竟达万人。美女多得让司马炎无所适从，只好想了个办法，用羊拉着辆车，自己坐在车上，任凭羊在宫中漫游，羊停在哪个宫女门前，他便住在哪儿。

那些一心想讨皇上欢心的宫女们，把竹叶插在门前，以此来诱惑拉着皇帝的羊儿在自己门前停下来。

西晋武帝纵欲生活不仅透支了健康，55岁就死掉了，而且导致后来的"八王之乱"等，司马氏几乎被斩尽杀绝。

南朝宋文帝元嘉之治

南朝宋文帝刘义隆统治时期，是我国南北朝时国力最强盛的历史时期。宋文帝在位期间，继续实行刘裕的治国方略，在东晋义熙土断的基础上清理户籍；下令劝课农桑，奖励垦荒，采取减轻农民负担政策，免除百姓所欠朝廷"通租宿债"，发展生产，实行劝学、兴农和招贤等一系列措施。

同时采取抑制豪强，使战争减少，百姓得以休养生息，经济得以恢复，文化得以繁荣，人民的生产和生活出现了安定局面。史称"元嘉之治"。

■ 宋文帝刘义隆画像

太平盛世

历代盛世与开明之治

屯骑校尉 官名。汉武帝置。八校尉之一。掌管骑兵。所属有丞及司马，领兵七百人。东汉时属北军中侯，校尉秩为比二千石。魏、晋、南朝及北朝魏齐均置，属领军将军，北齐时属左右卫府。隋不置。

徐羡之 字宗文。南朝宋东海郯人。历官琅琊内史、吏部尚书、丹阳尹、尚书仆射。宋武帝逝世后传位长子刘义符，是为宋少帝，遗诏谢晦、傅亮、徐羡之、檀道济4位大臣辅政。后被宋文帝以废君弑君之罪下诏治罪，徐羡之遂自杀。

南朝宋武帝刘裕病死后，太子义符继位，因他游戏无度，被辅政的司空徐羡之、中书令傅亮、领军将军谢晦于424年5月废黜，迎立刘义隆为帝，这就是宋文帝，年号元嘉。

宋文帝刘义隆是精明能干的人。他14岁被封为宜都王，住在江陵，把封地内的大小事情都管理得井井有条，因此很有声望。他做皇帝那年，只有18岁，已经懂得如何治理国家了。

他下定决心，有朝一日，非除掉徐羡之、傅亮、谢晦3个大臣不可，为哥哥报仇。表面上，宋文帝却给这3位大臣加官晋爵，充分信任，大事小情，同他们商量。

3位大臣对宋文帝开始就存在戒心，怕他为死去的义符复仇，也是处处留神，并做好了精神准备和军事准备。他们密谋让谢晦坐镇荆州，一旦京城有变，马上发兵进京。

但后来他们并没能看出新皇帝对他们有半点加害之心，反而觉得皇帝信任他们，于是渐渐放了心。

宋文帝表面很信任三臣，暗中却积极地调兵遣将，做扫除他们三人的准备。他先把亲信王华、王昙调任皇帝的近侍官侍中，又调亲信道彦之从襄阳到京都任中领军，掌管宫中禁军，并且让道彦之与谢晦结交成朋友。又把谢晦的大儿子世休封为秘书郎，留在皇宫之中。

一天深夜，傅亮正在睡梦中，忽然有人在窗外告诉他，如果皇帝诏请入宫，千万不要去，说完迅速离开。天亮以后，果然传来皇帝请傅亮、徐羡之入宫的手谕。

傅亮对来人说："老臣的夫人病重，待服药后就去内宫。"

来人走后，傅亮即刻派人通知徐羡之，他自己骑着马逃出城去。

宋文帝闻听傅亮下落不明，便给屯骑校尉郭泓下了死命令。郭泓领兵追杀傅亮，结果在他为二哥傅迪修造的墓中束手就擒，第二天便被处死。

徐羡之得到傅亮的家人告密，匆匆骑着马往城外跑，跑到郊外的树林时，发现后面来了追兵，知道逃不掉了，便停了马，解下腰带，在一棵树上吊死了。这位帮助刘裕打天下的开国元勋，就这样结束了自己的一生。

在江陵握有兵权的谢晦得知消息，勃然大怒，忙给

谢晦 字宣明。陈郡阳夏人。南朝刘宋大臣。宋国建立后，任右卫将军，加侍中，封武昌县公。宋少帝即位，担任顾命大臣。后与徐羡之、傅亮行废立之举，出为荆州刺史，加使持节，进号卫将军。426年，宋文帝杀徐羡之等，谢晦举兵拒命，为檀道济所破，伏诛。

■ 宋武帝刘裕（363—422），字德舆，小名寄奴，彭城县绥舆里，即今江苏省铜山人。曾两度北伐，收复洛阳、长安等地，功勋卓著。卓越的政治家、改革家、军事家。刘宋开国之君。他执政期间，抑制豪强兼并，轻徭薄赋，改善了政治和社会状况。他对江南经济的发展，汉文化的保护发扬有重大贡献，被誉为"南朝第一帝"。

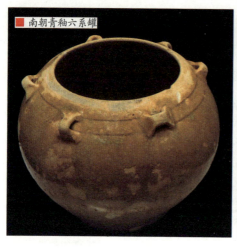

南朝青釉六系罐

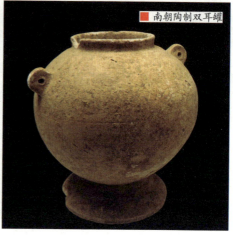

南朝陶制双耳罐

好友檀道济和道彦之送信，让他们起兵配合，一起讨伐宋文帝。檀道济和道彦之复信，表示同意做内应。

其实这是宋文帝的一步棋而已，谢晦自然蒙在鼓里。几天之后，谢晦也被抓住处死。

清除了3位重臣，宋文帝掌握了国家大权。他认为，国家稳定的关键，是让农民有地种，有饭吃，这样他们才不会起来造反，自己的皇位才能坐得稳。

在当时，农民很穷，欠的官债不少，连种子也买不起。宋文帝宣布，农民欠朝廷的租税一律减半等秋后收了粮食再交。到了秋天，他看到农民交了欠租以后，第二年播种又要发生困难，就再次宣布所欠的租税一概免除，但以后要好好生产，不许继续欠账。

农民听到减免租税的命令，高兴极了，生产的劲头更足了。接着，宋文帝又下令给全国官吏，叫他们带领农民好好耕种。农民缺少种子的，朝廷要借给他们。如果哪里生产搞得不好，就要处分官吏。

宋文帝还亲自带领文武大臣去京郊耕田锄地，给大家做出榜样。农民看皇帝重视农业，都努力开荒种地，战乱中被破坏的农业生产，很快得到了恢复。

农业生产虽然恢复了，但是有的地方还免不了要闹灾荒。宋文帝

太平盛世

历代盛世与开明之治

对救灾的事情很关心。

有一年，江南闹旱灾，水稻种不上，宋文帝下令改种比较耐旱的麦子。又有一年，丹阳、淮南、吴兴、义兴一带闹水灾，田地被洪水淹没，农民没有饭吃。宋文帝下令从朝廷的粮仓里拨出几百万斛米，用船运到灾区，救济灾民。

当时的很多地主常常利用灾荒吞并农民的土地，使农民成为他们庄园里的农奴。于是，宋文帝又经常下令清查户口，把农民和他们的土地登记在朝廷的户籍册上，防止大地主侵吞。

■ 青瓷龙柄鸡首壶

同时，土地多的，要向朝廷多交租税，这不仅增加了国家的收入，也使租税不至于平均摊给土地少的农民，相对地减轻了他们的负担。

为了贯彻执行所制定的政策，宋文帝很重视官员的选拔。他派有能力的人到地方去做官，对于贪官污吏严加处分。

宋文帝对贪官污吏毫不客气地予以惩办。南梁郡太守刘遵考，是宋文帝的堂叔。他在南梁郡做太守的时候，当地发生特大旱灾，他不但没有采取措施拯救灾民，还乘机侵吞朝廷拨来的救灾粮。

宋文帝得知刘遵考这种不法行为后，不徇私情，

南梁郡 383年11月，在寿阳，即安徽省寿县置南梁郡，撤销寿阳县，置睢阳，即今河南省商丘，兼郡治，属豫州。南梁郡领睢阳、蒙、虞、谷熟、陈、义宁、新汲、崇义、宁陵、阳夏、安丰、义昌12个县。378年，南梁郡改属豫州。413年，南梁郡去"南"字叫梁郡。

陶渊明画像

果断地免去了他的官职，给了他应得的处分。

宋文帝的举措，使得社会经济逐渐繁荣起来。宋文帝在位30年，他诛杀权臣，修明政治，压抑豪强兼并，清理户籍。

"元嘉文学"更是我国文学史上大书特书的时代，有谢灵运、鲍照、陶渊明等群星照耀；武将赫赫，如檀道济和道彦之等辈，横槊跃马，皆为我国战争史上不可多得的英豪人物。

在位期间，宋国境内政治、经济、文化均得到较大的发展，是东晋南北朝国力最为强盛的历史时期，史称"元嘉之治"。

阅读链接

檀道济立功数朝，威名日重，左右心腹都是百战之将，他的几个儿子又多具才气，引起了朝廷的猜忌。

当时，宋文帝久病不愈，掌朝的彭城王刘义康及领军将军刘湛担心宋文帝晏驾后，难以钳制檀道济，便向宋文帝屡进谗言，劝其尽早除掉檀道济。

436年，檀道济奉诏回京时，刘湛和刘义康假托王命，以收买人心、图谋不就之名捕杀檀道济，同时被害的还有他的11个儿子。

隋文帝开皇之治

治世盛景

　　隋文帝杨坚是我国隋朝开国皇帝。他在位期间，励精图治，发展生产，倡导节俭，废除了不必要的杂税并设置谷仓储存食粮，成功统一了严重分裂数百年的中国，开创了选官制度，发展了经济文化。

　　当时民生富庶，人民安居乐业，政治安定，国富民强，冠绝古今，使我国成为盛世之国。

　　隋文帝在位的开皇年间。疆域辽阔，人口达到700余万户，是我国农耕文明的巅峰时期，被后世史家称为"开皇之治"。

■ 隋文帝杨坚画像

■ 隋文帝杨坚雕像

北周静帝宇文阐继位后，杨坚的女儿做了太后，杨坚做了丞相。为了完全控制朝廷大权，杨坚除掉了皇室中宇文家族的势力，被封为随王。

581年，周静帝禅让，杨坚登基，改国号为随。杨坚觉得"随"这个字的"走之儿旁"不吉利，于是就改为"隋"，正式建立了隋朝，改元开皇，杨坚就是隋文帝。

隋文帝很明白治理天下的道理，所以他一面躬行俭朴，一面锐意改革，在军事、政治、经济、文化方面采取了一系列行之有效的政策和措施。

在军事方面，隋文帝首先解决的是北方的问题。在当时，鉴于南北朝晚期，突厥借强大的军事力量，不时侵扰北周、北齐，故隋文帝采取了大规模军事行动。

583年，隋文帝派兵将其击败，并大修长城加强防御。突厥可汗尊杨坚为"圣人天可汗"，表示愿为藩属，永世归顺，千万世为圣朝典牛马。后来更采用离间分化策略，使突厥分为东西两部，彼此交战不已，隋则得以消除北顾之忧。

隋朝初年，在南方还存在着西梁和陈两个政权。西梁虽然以南朝正统自居，与陈朝对立，但地少国

突厥可汗 突厥部落里部众对首领的尊称，又称"大汗"，或简称为"汗"，原义为王朝、神灵和上天，类似于汉族的天子。古代北亚阿尔泰语系游牧民族鲜卑、回纥、柔然、高车、吐谷浑、铁勒、女真等建立的汗国，其君主或政治首领皆称可汗。

弱，一直是北方西魏、北周和隋的附庸国。

587年，隋文帝召西梁皇帝萧琮入朝，废之并吞西梁，由此完全做好了南下统一全国的准备。

588年，隋文帝以杨广为帅，起兵南下攻陈。隋朝大军突破了长江防线，并迅速攻入陈都建康，也就是现在的南京。至此，隋文帝结束了自西晋以后我国近300年的分裂局面，实现了南北大统一。

在政治方面，隋文帝首先是改良政治，改革制度。制订了三省六部制这一中央机构。地方政治体制则由州、郡、县三级改为州、县两级行政制。同时，又采用西魏、北周的府兵制，寓兵于农，府兵在农时耕种、闲时练兵，轮番宿卫，或临时调遣。

其次是废除魏晋南北朝以来维护世族豪门权益的九品中正制和门阀制度。任用官员不限门第，唯才是举，通过考试以取士。

隋文帝本人躬身节俭，整饬吏治，曾派人巡视河北52州，罢免贪官污吏200余人，又裁汰地方冗员约十分之三。他还宽简刑法，删减前代的酷刑，制定隋律，使刑律简要，"以轻代重，化死为生"。

在经济方面，隋文帝效仿北魏的均田制，实行均

萧琮（558—607），字温文，汉族，西梁明帝萧岿之子，西梁后主，即惠宗靖皇帝。萧琮博学有才，善于弓马。西元585年即位为西梁皇帝，改年号为广运。公元587年，隋文帝废除西梁国，萧琮亦被废为莒国公。隋炀帝即位后又封萧琮为梁公、内史令，萧琮死后被赠左光禄大夫。

051

中古时期

治世盛景

■ 隋朝骑马武士俑

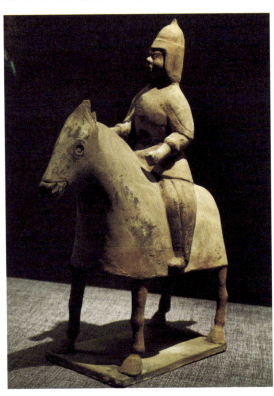

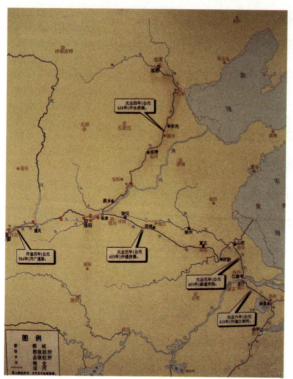

■ 隋运河示意图

义仓 又称义廪。封建社会时期仓储制度民办粮仓的一种，为官督而绅办。民办粮仓分为义仓和社仓，义仓在县一级政府所在地设置仓廪，而社仓则普及范围较大，一般在村镇设仓。是隋唐两代于地方上所设立的公共储粮备荒的粮仓。唐自武则天末年起，以义仓粮解决国家财政困难。

田法，定丁分田。又减免赋役，轻徭薄赋，与民休息。下令重新编订户籍，以5家为保，5保为闾，4闾为族。为了积谷防饥，广设仓库，分官仓和义仓。官仓作为粮食转运、储积用，义仓则备救济之需。

隋文帝又致力城市建设，在原长安城东南营建新都大兴城。大兴城乃当时的"世界第一城"，它的设计和布局思想，对后世都市建设及日本、朝鲜都市建设都有深刻的影响。

隋文帝于584年命宇文恺率众开漕渠。自大兴城西北引渭水，略循汉代漕渠故道而东，至潼关入黄河，长150多千米，名广通渠。这是隋朝修建大运河的开始。后来修建完成的大运河，连接黄河流域和长江流域，连接了两个文明，使黄河流域、长江流域逐渐成为一体。

在学术文化方面，隋文帝大力提倡文教，广求图书。他有鉴于长期战乱，官书散佚，所以下诏求天下之书。收集整理后，图书大备，得图书3万余卷。

此外，为了明教化，知礼仪，恢复华夏文化正统，隋文帝下诏制订礼乐，以提升人民的文化素质。

隋文帝开创了我国的科举制度。通过科举考试，按成绩优劣来选拔任用人才。这标志着科举制度的产生。隋朝的科举包括秀才、明经、进士等10科，各科考试的内容不同，选拔官吏的类型也不同。如进士科，以考诗赋为主，选择"文才秀美"的人才出来做官。

053

■ 镶金边玉碗

科举取士制度的创立，无疑是开天辟地的壮举。开了贫民士子入世为官之先河。这种重才学而不重门第的选拔官员的标准，削弱了门阀大族世袭的特权，从而扩大了封建地主阶级政权的统治基础。科举制度，对后代影响巨大。

科举制度 科举是历代封建王朝通过考试选拔官吏的一种制度。由于采用分科取士的办法，所以叫做科举。科举制从607年开始实行，至1905年举行最后一科进士考试为止，经历了1300多年。

隋朝的对外贸易发达，商业贸易出现繁荣景象。长安和洛阳不仅是当时的政治中心，也是重要的经济贸易城市。洛阳有丰都、大同和通远3市。

丰都市周围84千米，通12门，市中有120行，3000余肆，市四周有400余店，是当时世界上最大的商业城市之一。陆路可达亚洲的西北部和欧洲的东部，海路则可达南洋诸国和日本。

■ 隋朝时期铜镜

隋文帝对社会各个领域的一系列改革，对削弱地方豪强势力，加强中央集权起了积极的作用，促进了整个社会经济的发展

中古时期

治世盛景

■ 隋炀帝（569—618），杨广，一名英，小字阿摩。隋文帝杨坚、独孤皇后的次子。隋朝第二代皇帝，唐朝谥"炀皇帝"，夏王窦建德谥"闵皇帝"，其孙杨侗谥为"世祖明皇帝"。在位期间，滥用民力，造成天下大乱，直接导致了隋朝的灭亡。

和繁荣。隋文帝留给子孙后代留下的财富，如三省六部制、州县两级制、科举制度、大兴城及仓库的创立等，对后世产生了深远的影响。

社会都很富足，编户大增，仓储的丰实也为历史所罕见。全国安宁，南北民众得以休息，社会呈现空前繁荣景象。故历史上把隋文帝之世称为"开皇之治"。这才有了后来隋炀帝向西域商人炫耀国家的实力的资本，也才有了他挥霍糜烂的本钱。

阅读链接

隋文帝吸取历代因奢侈而亡国之帝王们的教训，能够与民同甘共苦。

有一年关中闹饥荒，他得知百姓吃糠拌豆粉，就命人拿给大臣们看，责备自己没有治理好国家，下令饥荒期间，百官一律禁吃酒肉，包括他自己。在平时他的车马用具坏了，从不让换新的，而是修补之后接着再用。

有一次，他的衣领实在是破旧得无法再穿，他想找一条织成的衣领，但是翻遍宫中也没有。可见，他平素是不允许宫中为他储备许多日常用品的。

唐太宗贞观之治

唐太宗李世民是唐朝第二位皇帝，是著名的政治家和军事家。

在位期间，他任人贤能，知人善用；广开言路，尊重生命，自我克制，虚心纳谏；以农为本，厉行节约，休养生息；文教复兴，完善科举制度；对外开疆拓土，设立安西四镇，使各民族融洽相处，国泰民安。

这是唐朝的第一个治世，同时为后来的开元之治奠定了坚实的基础。"贞观之治"载誉千秋。

■ 唐太宗李世民画像

唐太宗李世民早年随父亲李渊进军长安并建立唐朝，他率部征战天下，为大唐统一立下了汗马功劳，被封为秦王和天策上将。

626年7月2日，李世民在玄武门附近发动政变，夺位登基，是为唐太宗，年号贞观。

隋末之混乱，使27岁登基、英气勃发的唐太宗认识到"民依于国，国依于民"的道理。他时时引以为戒，叮咛自我克制欲望，嘱咐臣下不要担心皇上不悦而停止进谏，致力纠正前朝君臣猜疑之失，这是唐太宗君臣共济致治的基本因素。

群臣多为贤能之辈，勇于上谏。贤臣中尤以房玄龄、杜如晦最著，时人称"房谋杜断"，其他如李靖、魏徵、尉迟恭等，人才辈出，均名重一时。

唐太宗在位期间，使隋制更趋于完善。贞观王朝的三省职权划分是，中书省发布命令，门下省审查命令，尚书省执行命令。

在当时，一个政令的形成，先由诸宰相在设于中书省的政事堂举行会议，形成决议后报皇帝批准，再由中书省以皇帝名义发布诏书。

诏书发布之前，必须送门下省审查，门下省认为

■ 李渊（566—635），字叔德，祖籍陇西成纪，即今甘肃省秦安，一说陇西狄道，即今甘肃省临洮。唐朝开国皇帝，杰出的政治家和战略家。谥号"太武皇帝"，庙号高祖，葬在献陵。唐高宗时改上尊号为"神尧皇帝"，唐玄宗时上尊号"神尧大圣大光孝皇帝"。

不合适的，可以拒绝"副署"。诏书缺少副署，依法即不能颁布。

只有门下省"副署"后的诏书才成为国家正式法令，交由尚书省执行。唐太宗规定自己的诏书也必须由门下省"副署"后才能生效，从而有效地防止了他在心血来潮和心情不好时做出有损他清誉的不慎重决定，进一步说明了贞观王朝的文明程度是何等之高。

他十分重视吏治的清明，曾命房玄龄省并冗员，派李靖等13名黜陟使巡察全国，考察风评；又亲自选派都督、刺史等地方官，并将其功过写在宫内屏风上，作为升降奖惩的依据。

另又规定五品以上的京官轮流值宿中书省，以便随时延见，垂询民间疾苦和施政得失，百官因此自勤自励，提高了朝廷效率。

唐太宗注重法治建设，他曾说："国家法律不是

黜陟使 唐朝官名，是对地方官吏进行考察，并将其政绩情况上报更高一级的部门，并提出推荐或贬黜的建议，以便朝廷对官吏的职务升迁或贬黜的长官。黜陟使可以不上报直接处置一些违法犯忌的官员，可以罢官，可以入狱，甚至可以直接处决。

057

中古时期

治世盛景

■ 唐长安街景图

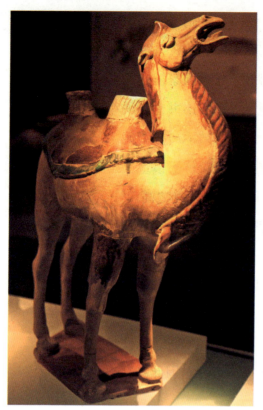

■ 唐代陶马

帝王一家之法，是天下都要共同遵守的法律，因此一切都要以法为准。"作为一位万人之上的君主能够说出这样一番话来，唐太宗不愧是一位开明的皇帝。

法律制定出来后，唐太宗以身作则，带头守法，维护法律的划一和稳定。在贞观时期，真正地做到了王子犯法与民同罪。执法时铁面无私，但量刑时唐太宗又反复思考，慎之又慎。他说："人死了不能再活，执法务必宽大简约。"

在唐太宗统治下的我国，皇帝率先垂范，官员一心为公，吏佐各安本分，滥用职权和贪污渎职的现象降到了历史上的最低点。

尤为可贵的是：唐太宗并没有用残酷的刑罚来警告贪污，主要是以身示范和制订一套尽可能科学的政治体制来预防贪污。在一个精明自律的统治者面前，官吏贪污的动机很小，贪官污吏也不容易找到藏身之地。贞观王朝是我国历史上唯一没有贪污的王朝，这也许是唐太宗最值得称道的政绩。

由于唐太宗的苦心经营，贞观年间法制情况很好，犯法的人少了，被判死刑的更少。当时政治修明，官吏各司其职，人民安居乐业，不公平的现象少

租庸调制 唐时实行的赋税制度，以征收谷物、布匹或者为朝廷服役为主。是以均田制的推行为基础的赋役制度。此制规定，凡是均田人户，不论其家授田是多少，均按丁交纳定额的赋税并服一定的徭役。

之又少，国人心中没有多少怨气。

据记载贞观三年，全国判死刑的才29人，几乎达到了封建社会法制的最高标准，即"刑措"，也就是不用刑罚。

唐太宗推行均田制和租庸调制，注意轻徭薄赋，徭役的征发不夺民时，从而农业及民生得以不断发展。唐太宗还招抚隋末流民回乡，授田给予耕作，以安定民生。

唐初关中连年灾荒，唐太宗即开仓赈济灾民，又准百姓就食他州；而且拿出御府金帛，为灾民赎回卖出子女，使灾民度过荒年。

唐太宗不歧视商业，为商业发展提供了许多便利条件。在唐太宗的倡导下，这一时期的商业经济有了迅速和长足地进展，新兴的商业城市像雨后春笋般地兴起。当时世界出名的商业城市，有一半以上集中在我国。

唐朝的强盛给统治者在对外关系上带来了无比的自信，因而唐朝开放程度很高，路上、海上丝绸之路贸易兴盛，举世闻名的"丝绸之

■唐仪仗队彩绘陶俑

路"是联系东西方物质文明的纽带，这条商业通道在唐帝国时达到最高使用价值，成了整个世界的黄金走廊。

唐太宗即位前已置文学馆，有18位学士，即位后更在京设弘文馆，征集图书2万余卷；同时重建地方州县学校，扩充京师国子监，延聘名儒出任学官，生员多至万人，并接受新罗、吐蕃、日本等的君长皆派子弟来华求学，由是时文教生员背景多元，复兴卓然有成。

唐太宗对外武功成就显赫，曾多次对外用兵，先后平定突厥、薛延陀、回纥、高昌、焉耆、龟兹、吐谷浑等。由此，唐朝声威远播，四方宾服，西北各族共尊唐太宗为"天可汗"。

唐太宗贞观年间，松赞干布在吐蕃建立了强大的奴隶制政权。松赞干布非常羡慕唐朝的文化，要和唐

■ 唐代丝绸

松赞干布和文成公主塑像

朝建立友好关系。

634年，他第一次派遣使臣前往长安访问。唐太宗很快就派使臣回访。从此，汉藏两族关系越来越密切了。后来，文成公主嫁给了松赞干布，成为我国历史上一位献身于汉藏两大民族友好团结伟大事业的杰出女性。

唐帝国是当时世界最为文明强盛的国家，首都长安是世界性的大都会。大唐帝国是世界各国仁人志士心目中的"阳光地带"，各国的杰才俊士冒着生命危险也要往唐帝国跑。

不仅首都长安，全国各地都有来自国外的"侨民"在当地定居，尤其是新兴的商业城市，仅广州一城的西洋侨民就有20万人以上。

唐帝国还接收一批又一批的外国留学生来我国学习先进文化，仅日本官派的公费留学生就接收了7批，每批都有几百人。民间自费留学生则远远超过此数。

这一时期是我国历史上少有的开放时期，外国人入境和我国人出

■ 唐代彩绘陶乐俑

太平盛世

历代盛世与开明之治

境并没有太严格的限制，即不担心我国人出去后忘本忘祖；也不担心外国人进来后喧宾夺主。仅这一点就说明贞观王朝的高度自信，深信自己的国家是世界上最文明富强的土地，更不会担心外来文化把自己淹没。

唐太宗在位23年，励精图治，对内则整顿国家制度，尊重黎民百姓，安定民生，对外则击败北方强权东突厥，扩大了唐帝国对周边国家的政治及文化的影响。

阅读链接

古时候，把统治者听取不同意见，判断是非，然后采纳正确的意见，叫做"纳谏"。

唐太宗很注意纳谏。他问大臣魏征，君王怎样才能"明"，怎样才是"暗"？

魏征回答说："兼听则明，偏信则暗。"

他非常赞成这个见解。

有一次，一个叫李百药的大臣对唐太宗说："以前虽然释放过宫女，但宫中无用的宫女仍然很多。宫里阴气太盛，也会招致天灾。"

唐太宗接受了李百药的建议，下令释放宫女，前后放出3000多人。

唐高宗永徽之治

　　唐高宗李治是唐朝第三任皇帝。在他统治时期，与李勣、长孙无忌、褚遂良共同辅政，君臣萧规曹随，继续执行太宗制订的各项政治经济制度，所以在这一时期，有贞观之遗风。

　　另外，高宗时期的唐代版图最大，东起朝鲜半岛，西临咸海，北至贝加尔湖，南至越南横山。

　　整个永徽年间，社会经济得到了持续稳定的大发展，边陲安定，百姓阜安。史称"永徽之治"。

■ 唐高宗李治画像

李治是唐太宗李世民的第九子，于649年唐太宗驾崩后即位，是为唐高宗，年号分别是永徽、显庆、龙朔、麟德、乾封等，其中永徽年号使用的时间最长。

唐高宗对外采取必要的军事行动，扩大了唐代版图，并在他统治前期达到鼎盛；对内任用贤能，完善法律，创造了繁荣的局面。

唐高宗即位不久，西突厥汗国大将阿史那贺鲁攻破西突厥乙毗射匮可汗，自号沙钵罗可汗。唐高宗派遣唐朝开国名将程咬金西击沙钵罗可汗，从此连年用兵西域。

657年，唐大将苏定方等大破突厥，沙钵罗奔石国被擒。突厥亡。唐高宗以其地分置昆陵、蒙池二都护府。次年，徙安西都护府于龟兹。

661年，又在于阗以西、波斯以东16国，设置16都督州府，统辖80个州，110个县，126个军府。

唐高宗在位时，朝鲜半岛分成高句丽、百济和新罗三国。

655年，高句丽与百济联军攻新罗，新罗遣使向唐求援。唐高宗先后派兵出击高句丽和百济。至663年，唐大将刘仁轨大败援助百济的倭国军于白江口，破百济，其国王投奔高句丽。

668年9月，80岁高龄的李勣统领大军攻占平壤，高句丽亡。唐分其境为42州，设安东都护府。

■ 李勣（594—669），原名徐世勣，字懋功。唐高祖李渊赐其姓李，后避唐太宗李世民讳改名为李勣。唐初名将，曾破东突厥、高句丽，与李靖并称。后被封为英国公。

安东都护府 唐朝6个主要都护府之一，原为唐朝和新罗联军在灭亡高句丽之后，建立的管理高句丽故地的机构。罗唐战争后，安东都护府从平壤搬到辽东，成为唐朝管理辽东，以及高句丽、渤海国等地的一个军政机构。

这时，唐朝的版图东起日本海西岸的东朝鲜湾，西达咸海西岸；南起北纬18度线附近的骧州，北至贝加尔湖稍北。这在有唐一代是空前绝后的。

670年至676年，为争夺对百济和高句丽故地的统治权，唐朝和新罗爆发战争。唐朝由于受西北吐蕃局势的影响，因而对朝鲜半岛采取退守政策。唐朝与新罗最终以大同江划定界限。

唐高宗登基之初，就把唐太宗时的三日一朝改为一日一朝，勤勉执政。即位之后，重用太宗旧臣李勣、长孙无忌、褚遂良。君臣上下同心协力，把国家治理得井井有条。

唐高宗永徽年间还完成了一部极为重要的法典，这就是《永徽律疏》，又称《唐律疏议》。

651年，高宗永命长孙无忌、李绩等在《贞观律》基础上修订新法，最终奏上新撰律12卷，这就是为《永徽律》。

鉴于当时中央、地方在审判中对法律条文理解不一，每年科举考试中明法科考试也无统一的权威标准的情况，唐高宗又下令召集律学通才和一些重要臣僚，对《永徽律》进行逐条逐句的解释，继承汉晋特别是晋代张斐、杜预注释律文的已有成果。

历时一年，撰《律疏》30卷奏上，与《永徽律》合编在一起，经

■ 唐高宗李治塑像

都护府 源自公元前60年设在乌垒的西域都护府，统领大宛极其以东城郭诸国，兼督察乌孙、康居等游牧行国。唐朝统一西域，设立安西、北庭、昆陵、蒙池等都护府，疆域不仅包括今新疆在内的西域，更达里海之滨。

历代盛世与开明之治

唐画《韩熙载夜宴图》局部

唐高宗批准，将疏议分附于律文之后颁行。计分12篇，共30卷，称为《永徽律疏》。

《永徽律疏》总结了汉魏晋以来立法和注律的经验，不仅对主要的法律原则和制度作了精确的解释与说明，而且尽可能引用儒家经典作为律文的理论根据。

《永徽律疏》的完成，标志着我国古代立法达到了最高水平。《永徽律疏》是我国历史上迄今保存下来的最完整、最早、最具有社会影响的古代成文法典，它全面体现了我国古代法律制度的水平、风格和基本特征，成为中华法系的代表性法典，对后世及当时周边国家产生了极为深远的影响。

唐高宗即位于贞观之后，主政时在于守业，使天下承平。

阅读链接

李治过周岁生日时，搞了一个"抓周"活动，就是通过小孩子的动作，观察他的喜好，从而预测他的未来。

人们把很多有象征性的小东西放在李治面前。只见李治抓起一支笔，有人又在他前面放上纸，李治抓着笔乱画，却奇迹般地在纸角画一个"敕"字。

唐太宗一见立刻严肃起来。因为当时太子已经确定，唐太宗怕传出去，会成为政治上的不稳定因素当即发出两个命令：第一，这张纸立刻烧掉；第二，此事所有在场的人都不许再说起，否则重处。

唐玄宗开元盛世

唐玄宗李隆基在统治前期，其改革措施使政局为之一新。他励精图治，任用贤能，提倡文教，使经济迅速发展，得天下大治，唐朝进入全盛时期。

在这个时期，我国封建社会呈现的前所未有的盛世景象，并成为当时世界上最强盛的国家。

在唐玄宗统治的后期，朝政混乱，社会矛盾十分尖锐，盛唐由此转向了衰落。但是，"开元盛世"一直为国人津津乐道。

■ 唐玄宗李隆基蜡像

李隆基即位以前政局极不稳定，政变接连发生。

712年，李隆基受唐睿宗李旦禅位，改元为先天，后改开元，再改天宝，这就是唐玄宗，也叫唐明皇。

713年，唐玄宗以先发制人的手段消灭了政敌太平公主一伙，结束了混乱局面。

唐玄宗是励精图治的皇帝，很想有所作为。他从即位开始，为了稳定政局，就采取了许多改良措施。

唐玄宗注意选用贤臣，先起用姚崇和宋璟为相，其后又用张嘉贞、张说、李元纮、杜逻、韩休、张九龄为相。他们各有所长，并且尽忠职守，使得朝政充满朝气。而且玄宗在此时也能虚怀纳谏，因此政治清明，政局稳。

唐玄宗采纳张九龄的建议，制订官吏的迁调制度。在京官中选拔有才识的人派到外地做都督刺史；选外地都督、刺史中有本事的调到朝廷来任职，使他们出入的人数相差不大。这样内外互调，增进中央与地方的沟通、了解和信任。后来把这种调动作为一种制度固定下来。

716年，唐玄宗在殿堂亲自复试吏部新选派的县令，把其中不合格的40多人斥退回家。如他重用姚崇和宋璟为宰相，这两个人十分干练，把国事处理得井井有条。人们把他俩跟太宗时的宰相房玄龄和杜如晦相比，说"前

■ 唐睿宗（662—716），名旦，又名旭轮，汉族，唐高宗第八子，武则天幼子，唐中宗为其兄长。他一生两度登基，三让天下，一让母亲，二让皇兄，三让其子。712年禅位于子李隆基，称太上皇。谥号"玄真大圣大兴皇帝"，庙号睿宗，葬于桥陵。

有房杜，后有姚宋"。

■ 唐代击鞠图

唐玄宗将全国分为十五道，于道置采访使，以监督地方州县的官员，并考察地方官吏的政绩。为了选拔人才，唐玄宗后对科举制度作出改革，限制了进士科及第的人数，以减少冗官的出现，提高官吏整体的素质。

政治的安定为社会经济的发展创造了条件，唐玄宗便致力于生产发展，经济繁荣。

唐玄宗十分重视兴修水利，在河北、河南、山西等地兴建了不少水利工程，多者灌田30万亩，少则灌田也不下10万亩。开元时期，全国共兴建了50多项较大的水利工程。

除了兴修水利，开元年间的手工业和商业也很繁荣。在手工业方面，丝织业的花色品种多，技术高超；陶瓷业的景德青瓷、邢窑白瓷和唐三彩都是工艺

张九龄（678—740），字子寿，一名博物，韶州曲江，即今广东省韶关人。唐开元尚书丞相、诗人。是一位有胆识、有远见的著名政治家和文学家。他的五言古诗，以素练质朴的语言，寄托深远的人生慨望，对扫除唐初所沿袭的六朝绮靡诗风，贡献尤大。誉为"岭南第一人"。

品中的珍品。

在商业方面，著名的大都市有长安、洛阳、扬州、成都。

还有长安城内的坊和市，坊是居民宅区，市为繁荣的商业区，以至于长安成为各民族交往的中心，是一座国际性的大都市。

唐玄宗还注重提高军队的素质，开元时，逐步以募兵制代替了府兵制，军队在边境上大兴屯田，这样既加强了边防，又减少了国家的财政开支，同时提高了战斗力。

唐玄宗在东北设忽汗州都督府、黑水都督府和重建营州都督府。在西北重建安西、北庭都护府，并收复了武则天时失去的西城重镇碎叶，加强了西北和东北的边防。

唐玄宗对吐蕃、突厥、南诏等族，一贯采取和亲与笼络政策，从而巩固和发展了统一民族的国家。

松赞干布统一青藏高原后，他仰慕中原文明，几次向唐求婚。唐太宗时就把文成公主嫁给他，文成公主入吐蕃后，带去了许多先进的技术，增进了汉藏之间友好关系。

7世纪末，粟末靺鞨部首领大祚荣统一了周围各部，建立政权。

太平盛世

历代盛世与开明之治

■ 唐三彩马 三彩马一般作为随葬品，在唐代非常盛行，曾出现高度约1米以上的三彩马。三彩马形体硕大、构造复杂，无法使用普通手工拉坯法来完成，所以多用模制法成型。作为中国艺术瑰宝，唐三彩马可以多方位地折射出唐文化的绚丽光彩。

金城公主（约698—740），李姓，唐宗女，和亲公主之一。生父为嗣雍王李守礼，养父为中宗皇帝。步曾祖姑文成公主之后尘。金城公主在吐蕃30年，为唐蕃称为甥舅宿亲，"和同为一家"维系纽带，贡菲浅。

8世纪初，唐朝又把金城公主嫁给吐蕃赞普尺带珠丹。至此，吐蕃和唐朝已经"和同为一家"了。回纥是今天维吾尔族的祖先。

8世纪中期，唐玄宗封回纥首领骨力裴罗为"怀仁可汗"。后来，回纥改名为"回鹘"。

8世纪前期，唐玄宗封大祚荣为渤海郡王，加授渤海都督。从此，粟末靺鞨政权以"渤海"为号。粟末靺鞨有"海东盛国"之称。唐朝管理东北边疆的机构是渤海都督府和黑水都督府。

南诏居民是今天彝族和白族的祖先。南诏首领皮罗阁统一六诏，唐玄宗封他为云南王。

唐玄宗非常重视学术文化发展。他下令在长安、洛阳创建集书院，组织全国著名学者著书立说，还聘请学者来京，如张遂任天文学顾问，李白也应召入宫，对当时文化界有很大影响。

代表诗人这一时期的诗赋成为进士科主要内容。唐玄宗为了撰拔人才，亲自在殿试考核吏部新录取的县令，而且对儒生十分的优厚，下令群臣访求历朝遗书，共觅得图书近五万卷，使唐朝的文化事业迈向了顶峰。

唐朝的诗歌创作是我国的黄金时期，流传至今的有2000多

碎叶 在今吉尔吉斯斯坦首都比什凯克以东的托克马克市附近。碎叶城是唐朝在西域设的重镇，是我国历代王朝在西部地区设防最远的一座边陲城市，也是丝路上一重要城镇，是著名诗人李白的出生地。它与龟兹、疏勒、于田并称为唐代"安西四镇"。

■ 唐三彩龙头杯

■ 唐代女子制茶图

位诗人的近5万多首诗歌。

开元年间，社会富足安定，唐朝进入了其最鼎盛的时期。一个小的县城也有万把户人家。稻米十分油润，小米非常洁白，公家或私人的仓库里都装满了粮食。全国各地都很太平，出远门再也不必挑选好日子。

齐鲁生产的丝织品一车又一车在各地畅销，男子耕种，妇女采桑养蚕，大家安居乐业。历史上把这种全盛的景象称为"开元盛世"。

开元年间的繁荣景象，自然是唐朝百余年来社会发展所积累的成果，并不是唐玄宗君臣一时所能创造出来的奇迹，但这与唐玄宗君臣的孜孜求治，政治比较清明是分不开的。

但在唐玄宗统治后期，朝政混乱，导致"安史之乱"。这是我国历史上一次重要事件，是唐朝由盛而衰的转折点。

阅读链接

唐肃宗在当太子的时候有一天陪着唐玄宗一起进餐。

餐桌上摆满了各种佳肴，其中有一盘羊腿，唐玄宗就让太子去割羊肉。太子割完羊肉后，见手上都是油污，便顺手拿起一张面饼擦手。

唐玄宗眼睛直盯着他的脸，露出不高兴的神色。

太子擦完手，慢慢地把饼送到嘴边，有滋有味地把饼吃掉了。这时唐玄宗转怒为喜，对太子说："人就应该这样。"

唐玄宗贵为天子，却能这样爱惜粮食，是很不容易的。

唐宣宗大中之治

唐宣宗李忱是唐朝第十八位皇帝。他在位期间，致力于改善中唐以来所遗留下来的种种社会问题。对内勤俭治国，体恤百姓，使本已十分衰败的朝政呈现小康局面。对外击败回鹘、党项等，收复"安史之乱"后被吐蕃占领的大片失地，使得大唐国势复振。史家称这个时期为"大中之治"，将他的治世之道比作汉朝的"文景之治"，将唐宣宗比作唐太宗和汉文帝一样的明君。

■ 唐宣宗李忱画像

唐代皇帝上朝塑像

　　唐宣宗李忱于846年唐武宗李炎弥留之际被立为皇太叔，成为新的皇位继承人，是为唐宣宗，年号大中。

　　唐宣宗是唐朝历史上唯一以皇太叔即位的皇帝，也是唐朝所有皇帝中最富有传奇色彩的一个。

　　唐宣宗李忱原名李怡，他虽然是唐宪宗的亲生儿子，后也被封为光王，但却是庶出的，他的母亲郑氏只不过是一名身份卑微的宫女。

　　由于母亲地位卑微，李怡只能在一个无人注目的角落里孤独成长。所以他从小就显得郁郁寡欢、呆滞木讷，长大成人以后，这种情况不但没有好转，反而越发严重。

　　人们纷纷猜测，这可能和他在唐穆宗年间遭遇的一次惊吓有关。当时光王入宫谒见懿安太后，不料刚好撞上有人行刺，虽然此事并未造成任何人员伤亡，但从此以后，光王就变得更加沉默寡言。

　　皇族宗亲们于是认定，这个本来就呆头呆脑的家伙这回肯定是吓傻了。此后无论大小场合，光王就成了专门被人取笑和捉弄的对象。

　　后来有一天，光王突然被4名内侍宦官绑架，捆得像个肉粽一样扔进了宫厕。宦官仇公武随后赶到宫厕，趁人不注意，偷偷把他运出了宫。光王从此离开长安，流落民间。

后来的许多笔记史都称光王隐姓埋名，跋山涉水，一路逃至浙江盐官，即现在的海宁西南，在这里的安国寺落发为僧，法名琼俊。

846年春天，唐武宗李炎病危，他的几个儿子都还年幼，帝国没有储君，朝野上下人心惶惶，而宦官们需要的是一个可以任由他们摆布的窝囊废和应声虫。在这个微妙的时刻，光王忽然在宦官仇公武等人的簇拥下回到长安。

仇公武等人本想把光王当成一块举足轻重的政治筹码，然而在接下来的日子里，仇公武等人大为吃惊。因为眼前的李忱忽然变得无比陌生。他神色威严，目光从容，言谈举止沉着有力，决断政务有条不紊，看上去和从前判若两人！

仇公武既震惊又困惑，想不到光王那愚痴木讷的

李炎（814—846），本名瀍，临死前改名炎。唐穆宗第五子，文宗弟。封颍王，累加开府仪同三司、检校吏部尚书。谥号"至道昭肃孝皇帝"，庙号武宗，葬于端陵。武宗在位时，任用李德裕为相，对唐朝后期的弊政做了行之有效的改革。

■ 出土的唐代大明宫遗物黄金龙

牛李党争 是唐朝后期的统治集团内部争权夺利的宗派斗争，也称之为"朋党之争"。"牛党"是指以牛僧孺、李宗闵为首的官僚集团；"李党"是指以李德裕为首的官僚集团。两党除了政治上的分歧外，还牵扯进个人的恩怨。牛李党争是唐朝走向衰落的原因之一。

外表之下，隐藏着常人莫及的才干和韬略。可现在明白已经太晚了，因为生米已经做成了熟饭。

唐宣宗刚一即位，就施展了一系列雷霆手段。首当其冲者，就是唐武宗一朝的强势宰相李德裕及其党人，唐宣宗在正式执政的第二天就罢免了李德裕。

此后短短的一年多时间，唐宣宗就把所有重要的李党成员全部贬出了朝廷，同时迅速拔擢了一批新人，完成了对中枢政治的换血，建立了他自己的宰执班子。

当时有个叫马植的人，他是在848年5月入相的，本来干得好好的，可两年后突然被一纸诏书贬出了朝廷，外放为天平节度使。此次贬谪在事前毫无征兆，后来人们才知道：原来是一条宝玉腰带惹的祸。

这条宝玉腰带是御用物品，天子在不久前把它赏赐给了左军中尉马元贽。

众所周知，宦官马元贽是拥立唐宣宗即位的主要功臣之一，所以，不管天子在内心是如何看待这个功高权重的宦官，但在表面上，还是对他极尽恩宠和礼遇之能事，从登基之后便赏赐不断，这条腰带只是为数众多的赐物之一。

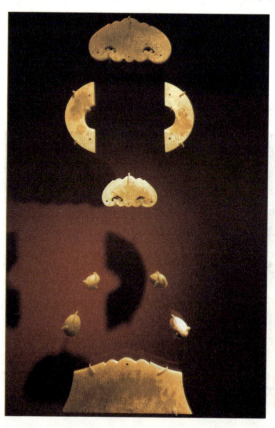

■ 唐代玉器

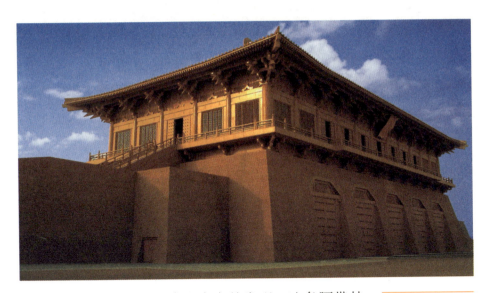

有一天在朝会上，唐宣宗突然发现，这条腰带赫然系在了宰相马植的腰上。这个发现非同小可。

■ 大明宫丹凤门

他当场质问马植，这条腰带是不是马元贽送给他的。

马植已经意识到自己闯了大祸，不敢隐瞒，只好道出真相，结果第二天就被罢去相职并贬出朝廷。

在唐宣宗看来，马植与马元贽本来就是同宗，并且他们一个是当朝宰辅，一个是得势宦官，具有这种关系和身份的两个人原本就应该主动避嫌而不能走得太近。

如今马元贽居然把天子的赐物转送给马植，那就证明他们已经越过了雷池，天子就完全有理由认为他们有结党的嫌疑。就算马植与马元贽没有结党，可仅仅是"禁中与外廷暗中交通"这个事实本身，就足以对登基未久的天子构成某种潜在的威胁了。

从此以后，原本甚嚣尘上的"牛李党争"终于偃旗息鼓。

李德裕（787—849），字文饶，唐代赵郡赞皇人，唐中期著名的政治家、诗人。他幼有壮志，苦心力学，尤精《汉书》《左氏春秋》。他曾历任翰林学士、浙西观察使、西川节度使、兵部尚书、左仆射，并且在唐文宗和武宗时两度为相。他主政期间，重视边防，力主削弱藩镇，巩固中央集权，使晚唐内忧外患的局面得到了暂时的安定。

唐宣宗很懂得自律和勤政。登基不久，他便命人把《贞观政要》书写在屏风上，时常站在屏风前逐字逐句地阅读。

此外他还命翰林学士令狐绹每天朗读唐太宗所撰的《金镜》给他听，凡是听到重要的地方，便会让令狐绹停下来，说："若欲天下太平，当以此言为首要。"

还有一件事也足以证明唐宣宗的勤政确实非一般君主可比。

有一天，唐宣宗忽然对大臣令狐绹说："朕想知道文武百官的姓名和官秩。"

百官人数多如牛毛，天子如何认得过来？令狐绹顿时大为踌躇，只好据实禀报："六品以下，官职低微，数目众多，都由吏部授职，五品以上，才是由宰执提名，然后制诏宣授，各有簿籍及册命，称为'具员'。"

唐宣宗随后便命宰相编了5卷本的《具员御览》，放在案头时时翻阅。勤政的君主总是喜欢事必躬亲，并且总能明察秋毫，唐宣宗在这一点上表现得尤其明显。

唐代大明宫朝贺场景

有一次他到渭水狩猎，路过一佛祠，看见醴泉县的一些父老正在设斋祷祝，祈求任期已满的醴泉县令李君爽能够留任。

唐宣宗将这个县令的名字默记在心。过后怀州刺史出缺，唐宣宗遂亲笔写给宰相一张条子，将此职授予李君爽。

宰相们愕然良久，不知道一个区区的醴泉县令何以能上达天听，得到皇帝的青睐。随后李君爽入朝谢恩，天子将此事一说，宰相们才恍然大悟。

出土的大明宫遗物玉壶

久而久之，朝臣们就明白了，皇上表面上是外出游猎，其实真正的目的是深入民间，了解民情，并且实地考察地方官吏的政绩。

但是天下之大，唐宣宗不可能全部走遍，为此他特意想了个办法，密令翰林学士韦澳将天下各州的风土人情以及民生利弊编为一册，专门供他阅览，并将其命名为"处分语"，此事除了韦澳之外无人知晓。

不久，邓州刺史入朝奏事，下殿后忍不住对韦澳说："皇上对本州事务了解和熟悉的程度真是令人惊叹啊！"

韦澳当然知道，天子掌握的资料正是出自"处分语"。

在这种目光如炬洞察一切的天子面前，如果有人心存侥幸，那他就要遭殃了。

太平盛世

历代盛世与开明之治

■ 唐代武官俑

张议潮（799—872），汉族，沙州敦煌，即今甘肃省人。张氏世为州将，父张谦逸官至工部尚书。张议潮曾率领沙州各族人民起义，驱逐了河西地区的吐蕃守将，后来他加强战备，积极防御，兼之富有军事才干，屡次击败吐蕃军，稳定了河西的政治局势。使瓜、沙等11州又重新回归唐朝。

唐宣宗还有一项巨大的历史功绩不可不提，那就是河湟的收复。自从"安史之乱"以来，河湟地区已经被吐蕃占据了将近百年之久。

至唐武宗时，形势开始发生逆转，吐蕃爆发了大规模内战，其国内政局紊乱，人心离散。

唐宣宗趁此良机，于847年命河东节度使王宰，率领代北之地的全部军队进讨吐蕃陇西大将论恐热。王宰任命"赤火将军"朱邪赤心为前锋，率领沙陀族军从麟州渡过黄河。

吐蕃人本来就害怕沙陀人，见到"赤火将军"飞驰而至，早就吓破了胆，不敢接战，纷纷逃命。论恐热率领的几万大军兵败如山倒，全部被赶出了盐州。

随后，朱邪赤心又不停地追击吐蕃人，从陕西追到甘肃，又追到宁夏，深入到吐蕃所控制的腹地。所到之处，所向披靡。

在吐蕃控制沙州地区，有一豪门首富叫张议潮，他出生在沙州，自幼对吐蕃的残暴统治耳濡目染，对大唐故国心驰神往，立志要驱逐侵略者，回归祖国。

848年，在吐蕃军队被朱邪赤心打得节节败退之时，张议潮率领义军进攻沙州和瓜州的吐蕃人。

在张议潮和朱邪赤心的双重打击下，河西的吐蕃统治，很快土崩瓦解。至851年，先后收复了乐州、原州以及沙州、瓜州、伊州等11州。唐宣宗任命张议潮为沙州防御使，称他的军队为"归义军"。

唐朝丢失上百年的河湟之地再次回归唐朝，大量未迁走的吐蕃部落遂散居于甘肃各地。在内忧外患的灰暗历史中艰难行进了近百年的大唐帝国，终于在唐宣宗收复失地后闪耀出了辉煌。

宣宗时代，帝国虽然称不上是太平盛世，但起码也算是承平之局。

朱邪赤心 唐末沙陀部首领。姓朱邪。袭父职，为阴山都督、代北行营招抚使。宣宗大中初，以战功迁蔚州刺使、云州守提使。869年，任沙陀三部部落军使。随康承训镇压庞勋起义，进大同军节度使，赐姓李，名国昌。后以李克用参与镇压黄巢起义军，攻破长安有功，被拜为代北节度使。

■ 繁华的唐代城市景象

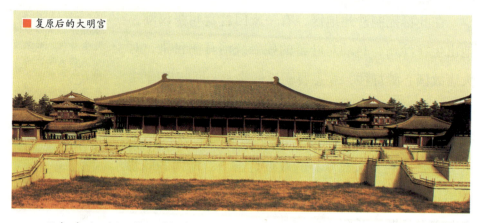
■ 复原后的大明宫

　　"大中之治"落下帷幕后，历史给予了李忱很高的评价。《资治通鉴》中说：

　　　　宣宗明察沉断，用法无私，从谏如流，重惜官赏，恭谨节俭，惠爱民物。故大中之政，讫于唐亡，人思咏之，谓之"小太宗"！

　　由于唐宣宗的励精图治，使得我们在时隔1000多年后，仍然能够在当时混乱不堪的历史迷局中，有幸瞥见一抹盛唐的余晖。

阅读链接

　　有一次，唐文宗李昂宴请诸王，席间众人欢声笑语，唯独光王闷声不响，唐文宗就拿他开涮，说："谁能让光叔开口说话，朕重重有赏！"

　　诸王对他百般戏谑。

　　可光叔对大伙的戏弄无动于衷。众人越发开心。就在这时，有一个年轻的亲王却忽然止住了笑容，他就是后来的唐武宗李炎。

　　他忽然在想：一个人居然能在任何时间、任何场合都不为一切外物所动，他如果不是愚不可及，那就是深不可测！

　　"光叔"后来登基王位，果然干出了非同寻常的大事。

天下大治

　　从五代十国至元代是我国历史上的近古时期。

　　五代十国时期，各个军事割据势力更迭频繁，没有形成足可称道的"治世"局面。元朝由于连年征战，国内外矛盾尖锐，也没有出现盛世景象。相比之下，只有两宋时期才通过"咸平之治"和"乾淳之治"，使封建政治经济得到发展，民族融合加强。

　　三位守成君主在他们统治时期内，创造了我国历史上经济与文化较为繁荣的时代。

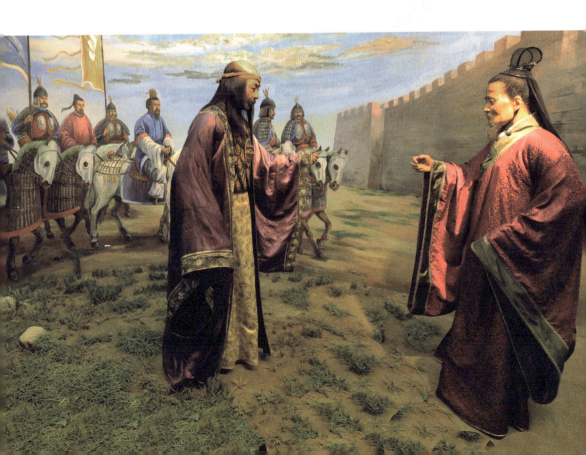

宋真宗咸平之治

宋真宗赵恒是北宋第三代皇帝。他在统治前期就这样树立了自己的"仁义天子"形象，他知人善任，要求"直言极谏"，并任用李沆、曹彬、吕蒙正等人打理政事，广开言路，励精图治，君臣合心，勤政治国，政绩有声有色。

较清明的政治和行之有效的措施，使北宋的统治日益巩固，国家管理日益完善，社会经济日趋繁荣，出现了一片繁盛局面。史称"咸平之治"。

■ 宋真宗赵恒坐像

宋真宗赵恒原名赵德昌，后又改名为元休、元侃，是宋太宗赵炅即赵匡义的第三子，997年被立为太子。

997年3月，宋太宗去世，赵恒于同月继位，这就是宋真宗。继位前被封为韩王、襄王和寿王。曾用年号咸平、景德、大中祥符、天禧和乾兴。

在咸平年间，北宋是一个强盛的国家，史称"咸平之治"。而它的缔造，得益于宋真宗卓有成效的治国举措。

宋真宗有一个传诸后世的良好的廉政理念。他颁布了告诫百官的《文武七条》：

■ 宋太宗（939—997），赵炅，本名赵匡义，后因避其兄宋太祖讳改名赵光义，即位后改名炅。宋朝的第二个皇帝。谥号"至仁应道神功圣德文武睿烈大明广孝皇帝"，庙号太宗，葬永熙陵。他驾崩后，38岁的赵光义登基为帝。

　　一是清心，要平心待物，不为自己的喜怒爱憎而左右政事；

　　二是奉公，要公平正直，自身廉洁；

　　三是修德，要以德服人，而不是以势压人；

　　四是务实，不要贪图虚名；

　　五是明察，要勤于体察民情，不要苛税和刑罚不公正；

　　六是勤课，要勤于政事和农桑之务；

　　七是革弊，要努力革除各种弊端。

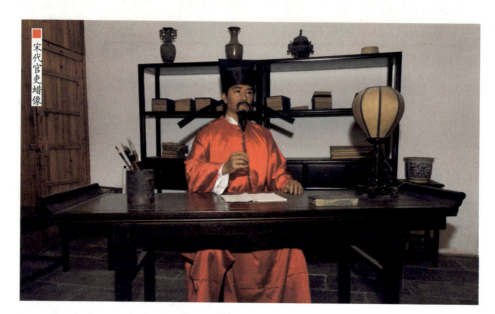
宋代官吏蜡像

　　这《文武七条》均是廉政之举，是宋真宗苦心孤诣的安排，也是百姓们的热切期望。在宋真宗看来，"清心""修德"就是廉政的源头，就能实现"德治"。

　　宋真宗制定了一套严谨有效的官员选拔任用制度。宋真宗规定，官员有试用期，试用官员转正要有若干名正式官员保举，按规定，官员不得保举曾犯有贪污罪的官员。宋朝允许在职官员参加科举考试，考中者可提前转正或越级提拔，但曾犯贪污罪者不许参加科举考试。

　　宋真宗建立了一套监察官员的渎职惩处制度，选拔的标准和职务回避制度。他对具有纪委职责的监察官员有着严格的规定，甚至监察官违反出巡制度都要受到处罚。

　　另外，还特别规定了监察官失察，及自身贪暴受惩处的制度。对于失察的监察官，宋真宗实行严厉的处罚。史载，王曙为河北转运使，因受贿被降为寿州知州；张观任解州通判，因没有举劾赃吏，被降监河中府税。

　　因为这些廉政举措，宋真宗和他的后来者们创造了一个政治清明、物质文明与精神文明双丰收的宋王朝。

宋真宗即位后，提拔了李沆、吕蒙正、夏侯峤、杨砺等人担任宰相和执政大臣，保留了张齐贤、吕端等。这些人大多能够做到忠于职守，使得此时期政治较为清明。如张齐贤在咸平元年完成了"编敕"的编撰工作，成为正式法律《刑统》之外的重要补充。

　　他还提出了职田，废除了江南前面几朝苛捐杂税的建议。

　　宋真宗本人很厌恶严刑峻法，主讲谨慎用刑。又下诏废除了断截手足、钩背烙身等刑罚，禁止使用法外刑法，也严厉批评军中对逃兵施以的烙伤手腕、敲碎胫骨等做法。同时对私铸铜钱、私造管制武器等重罪都减轻处罚。

　　对待嫌疑犯上，宋真宗不允许使用酷刑，搞刑讯逼供。1007年，有个叫潘义方的县尉对嫌疑犯朱凝严刑拷打，并用牛皮套头，勒令招供。朱凝受不住作了假证，后来经查明，宋真宗撤了潘义方的职，并向全国通报此事，严令不许严刑逼供。

　　为了严禁逼供，宋真宗在京设立纠察刑狱司，地方设立提点刑狱司，负责对各种刑事审判、刑罚和监狱进行监督。凡是判处徒刑之上

宋代官员与民同食蜡像

宋朝开封府衙断案蜡像

的罪都必须要向此机构进行通报，这个机构有查询复审的权利。如果初审官员处理不当，此机构有权向朝廷提出，并对该官员提出弹劾。

宋真宗重视"德治"，强调以道德教育，启迪官吏的道德良知，使之不去越轨，但它必须与"法治"相结合，即以法律约束，令其奉公守法，不敢贪污。

每当岁末年节之时，宋真宗都要赐臣僚宴饮，既是增进君臣关系的需要，又是播撒皇恩的大好时机。历朝皇帝都有此举措，宋真宗也不例外，而且有资格参加宴饮官员的范围较前期大为扩大。

宋真宗体恤民艰，削减赋税。

998年5月，宋真宗下令，凡是远年拖欠的田赋一律免掉，因为欠钱被抓进监狱的一律释放。3年后，宋真宗还亲自审问因欠钱入狱的人，一连审了7天，又释放了2600多人。老百姓纷纷称赞宋真宗。

除此之外，宋真宗还办了不少实事。如四川地区贴钱贬值，他得知后，立即下令调高折算比值。同时减少了大量服杂役的人，连他自己家族里所用的丝织品也进行了削减。后来，宋真宗多次下诏要求免除或减免各地赋税，用以赈灾和其他用途。

宋真宗本人对农业十分重视。

1009年，他下诏要求各级地方长官的官衔上一律加上"劝农使"或者"劝农"等字，以鼓励农民努力务农。又制定《景德农田敕》这部农业法规，以此规范农业生产和流通中的各种事项，并在后面很长时间内一直沿用。同时，大量印刷各种农业书籍分发给各地方官，让他们认识农事，并大力推广高产作物的种植。

1013年，宋真宗下诏废除农具税，并且坚持不征调农民服徭役而用军兵，也要求随行人员不得践踏庄稼。除此之外，宋真宗十分讨厌浪费粮食，多次下诏禁止丢弃粮食，并威胁"违者治罪"。有一次宋真宗外出"观稼"，沿途百姓看到他的仪仗后，竟自发地欢呼"万岁"。

同年，宋真宗下令在全国推广"常平仓"制度。朝廷规定：每年夏天由地方朝廷依照本地人口垫资购粮，以每户一石计，设仓储存，一旦遇到粮食价格上涨就减价卖给平民，达到平抑粮价的效果。

另外设有专人管理，出陈如新，防止粮食腐烂。常平仓制度对于灾年帮助平民渡过难关，稳定社会起到了重要作用。

■ 宋代进酒图

在军事方面，宋真宗为了抵御北边的辽国骑兵，大量地采用了宋太宗时的办法：多开沟渠，多种水田。

1001年，在今徐水周边，引鲍河水以"隔限敌骑"。1004年，又以定州为中心，开挖连接唐河、沙河、界河的运河，有效地限制了敌方骑兵。

除了开河渠外，宋真宗还大力推广一种"方田"，就是在田地内开挖方格式的水渠网。有的水渠达5尺宽，7尺深。宋真宗在开挖河渠的同时，还大搞屯田，积粮备战，并起用老将曹彬威慑武将。

他亲自选拔精兵强将，对火兵器给予重视。宋军人数从太祖末期的66万人，增加到真宗末年的91万人，而且大部分都是这一时期增加的。

在对外政策方面，由于宋朝强力推进对外开放政策，来华的外国人无论是国别还是数量都是前所未有的，开封成为全球拥有外国侨民最多的国都。

这些外来新移民有的来自西域、阿拉伯和朝鲜、日本等国，还有的从非洲、欧洲等地远道而来，他们的身份包括驻华使臣、武士、僧侣、教徒、商贾、猎手、艺人、奴婢和留学生各色人等，生动展示了文化交流与中外融合促成的文明进程。

开放的大宋不搞种族歧视，允许穆斯林子弟参加科举考试，成绩优秀者照样可以与汉人一样获取功名，封官晋爵。连一些讲究诚信的穆斯林商人由于经商有道，对发展宋朝的国际贸易作出过贡献，也被朝廷破格录用，授予官职。为此，当时开封城还兴建了很多规模不小的穆斯林公共墓地。

在当时，西域于阗国王遣回鹘罗斯温等来宋朝贡。宋真宗问询路上情况，罗斯温称于阗到敦煌的道路通畅，此次于阗使节带来的贡品有玉石、乳香、琥珀、棉织物、琉璃、胡锦等。于阗使团间有商队，从内地带去了丝织物、茶叶等物品。

1004年9月，辽萧太后与辽圣宗率大军侵入宋境，11月，进抵澶州。此前，辽曾提出和约，宋真宗选择了战争。

在同平章事寇准等人的坚持下，宋真宗亲至澶州督战，登临北城门楼，"诸军皆呼万岁，声闻数十里，气势百倍"。辽军一面屯兵澶州城下，与真宗所

萧太后（953—1009），名绰，小字燕燕。是辽朝皇太后，辽景宗耶律贤的皇后，辽北院枢密使兼北府宰相萧思温之女，在历史上被称为"承天太后"，辽朝著名的女政治家、军事家、改革家。她在位期间，辽朝进入了历史上统治中原二百年间最为鼎盛的辉煌时期。

■ 宋辽"澶渊之盟"场景

统宋军主力对峙，一面展开和谈。

12月，宋辽讲和，双方约为兄弟之国，承认边界现实，宋每年给予辽银10万两，绢20万匹。这就是历史上的"澶渊之盟"。

关于"澶渊之盟"，历来颇多非议，否定者认为这是胜算下的城下之盟。殊不知，虽然辽军腹背受敌，但已击败宋军第一线主力，长驱直入，必折损大量宋军。

同时宋人也因争战多年却无法击败辽军取得最后的胜利而倾向议和。当时宋年收入一亿，而一场中等规模的战事所耗费的军费就高达3000万。

相比之下，这30万两岁贡的确是九牛之一毛。于是，契丹上下因此而与宋朝百年交好，契丹铁骑不再南下。

宋真宗一朝，北宋经济复苏，国力猛增，制度清明，人文鼎盛，人口数量也成倍增长。当时的汴京城常住人口150万。

这个局面是在开国不40年、国家千疮百孔，每年不停地与党项、契丹作战，甚至还有四川叛乱的情况下开创的。正是由于宋真宗的一系列"文治"政策，才使宋代的政治、经济等得到极大的发展。

阅读链接

宋真宗非常赞赏的人是北宋词人晏殊，素以诚实著称。

宋真宗便赐给他"同进士出身"，并提升晏殊为辅佐太子读书的东宫官。大臣们惊讶异常，不明白真宗为何作出这样的决定。

真宗说："近来群臣经常游玩饮宴，只有晏殊闭门读书，如此自重谨慎，正是东宫官合适的人选。"

晏殊谢恩后说："我其实也是个喜欢游玩饮宴的人，只是家贫而已。若我有钱，也早就参与宴游了。"

这两件事，使晏殊在群臣面前树立起了信誉，而宋真宗也更加信任他了。

北宋仁宗盛治

　　宋仁宗赵祯是北宋第四代皇帝。在他统治的时期，推行"庆历新政"，虽然他没有取得成功，但孜孜以求，力革时弊。他制定了击破西夏攻取中原的战略，平定了侬智高叛乱。他节俭爱民，关心文化事业，使国家安定太平，经济繁荣，科学技术和文化得到了很大的发展。

　　"仁宗盛治"受到历代政治家和历史学家的称赞，对后世很有影响。

■ 宋仁宗赵祯蜡像

■ 欧阳修画像

赵祯于1015年被封寿春郡王，1018年立为太子，1022年即位，是为宋仁宗。初由刘太后垂帘听政，1033年，刘太后去世后，宋仁宗开始亲政。

宋仁宗刚刚执政时，官僚队伍庞大，行政效率低，人民生活困苦，辽和西夏威胁着北方和西北边疆。

1043年，范仲淹、富弼、韩琦同时执政，欧阳修、蔡襄、王素、余靖同为谏官。宋仁宗责成他们在政治上有所更张，以"兴致太平"。

范仲淹与富弼提出明黜陟、抑侥幸、精贡举等10项以整顿吏治为中心的改革主张。欧阳修等人也纷纷上疏言事。宋仁宗采纳了大部分意见，施行新政。

首先是澄清吏治。包括5项内容：

一是明黜陟。改革文官三年一次循资升迁的磨勘法，注重以实际的功、善、才、行，提拔官员，淘汰老病愚昧等不称职者和在任犯罪者；

二是抑侥幸。严格恩荫制，限制中、上级官员的任子特权，防止权贵子弟亲属垄断官位；

三是精贡举。改革贡举制，令州县立学，士子必须在学校学习一定时间方许应举。改变专以诗赋、墨义取士的旧

太平盛世

历代盛世与开明之治

制，注重策论和操行；

四是择长官。慎选地方长官，由中书、枢密院慎选各路、州的长官。由各路、州长官慎选各县的长官，择其举主多者尽先差补；

五是均公田。重新规定官员按等级给以一定数量的职田，调配给缺乏职田的官员，防止贪赃枉法。

范仲淹（989—1052），字希文，苏州吴县，即今江苏省苏州人。北宋著名的政治家、思想家、军事家和文学家，谥号"文正"。世称"范文正公"。1043年，富弼、韩琦等人参与"庆历新政"。后因遭反对被贬为地方官，晚年知杭州期间，设立义庄。

其次是富国强兵。包括3项内容：一是厚农桑。由朝廷帮助人民兴利除害，如开渠河、筑堤堰；二是修武备。主张恢复府兵制，先从近畿实行再渐及诸路；三是减徭役。主张省并户口稀少的县邑，以减其地人民的徭役。

最后是厉行法治。包括两项内容：一是重命令。针对朝廷过去颁布的法令"烦而无信"的弊病，提出朝廷今后颁行条令事先必须详议，审定成熟后再颁行天下，一旦颁行，必须遵守，不得随意更改，否则要受到惩处；二是推恩信。广泛落实朝廷的惠政和信义。主管部门若有人拖延或违反赦文的施行，要依法从重处置。

除此之外，必须向各路派遣使臣，巡察那些应当施行的各种

■ 传国玉玺

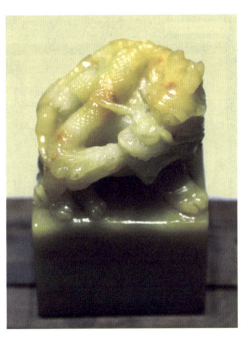

惠政是否施行。这样，就不会发生阻隔皇恩的各种现象了。

　　1043年底，范仲淹选派了一批精明干练的按察使去各路监察官吏善恶。他坐镇中央，每当得到按察使的报告，就翻开各路官员的花名册把不称职者的名字勾掉。

　　枢密副使富弼平时对范仲淹十分尊敬，这时见他毫不留情地罢免了一个又一个官员，不免有点担心，从旁劝止说："您一笔勾掉很容易，但是这一笔之下可要使他一家人痛哭呀！"

　　范仲淹听了，用笔点着贪官的名字愤慨地说："一家人哭总比一路人哭要好吧！"

　　在范仲淹的严格考核下，一大批尸位素餐的寄生虫被除了名，一批干才能员被提拔到重要岗位，官府办事效能提高了，财政、漕运等有所改善，暮气沉沉的北宋政权开始有了起色。朝廷上许多正直的官员纷纷赋诗，赞扬新政，人们围观着改革诏令，交口称赞。

　　这场改革直接触犯了封建腐朽势力，限制了大官僚的特权，他们对此恨之入骨，随着新政推行逐渐损害他们的利益，便集结在一起攻

范仲淹蜡像

北宋东京城模型

击新政。最后，宋仁宗不得不下诏废弃一切改革措施，并解除了范仲淹等人的职务。

庆历新政是北宋王朝在开国已久之后，统治阶层试图拯救时弊，富国强兵的变法活动，虽然最终都归于失败，但是对北宋历史的发展起到了巨大的影响，为王安石变法起到了投石问路的先导作用。

宋仁宗在位期间，最主要的军事冲突在于西夏。夏景宗李元昊即位后改变其父夏太宗李德明国策，展开宋夏战争，延州、好水川、定川三战宋军皆有失利之处，韩琦、范仲淹更在好水川之战后被贬。

至定川之战，西夏分兵欲直捣关中，但西夏军遭到了宋朝原州知州景泰的顽强阻击，全军覆灭，西夏攻占关中的战略目标就此破灭。

西夏因连年征战国力难支，最后两国和谈：夏向宋称臣，宋每年赐西夏绢13万匹，银5万两，茶10000千克，史称"庆历和议"。取得了近半世纪的和平。

王安石变法 是我国历史上针对北宋当时"积贫积弱"的社会现实，以富国强兵为目的的改革。颁布了农田水利法、均输法、青苗法、免役法、市易法、方田均税法，并推行保甲法和将兵法以强兵。

1052年，侬智高反宋，军队席卷广西、广东等地。宋仁宗任用狄青、余靖率兵南征。

1053年，狄青夜袭昆仑关，大败侬智高于归仁铺之战。次年，侬智高死于大理国，叛乱被彻底平息。

宋仁宗是宋代帝王中的明君圣主。他性情宽厚，对人仁慈宽厚，不事奢华，还能够约束自己。史书中记录了他大量严于律己的故事。

有一次，时值初秋，官员献上蛤蜊。宋仁宗问从哪里弄来的，臣下答说从远道运来。又问要多少钱，答说共28枚，每枚钱1000。

宋仁宗说："我常常告诫你们要节省，现在吃几枚蛤蜊就得花费28000钱，我吃不下！"他也就没有吃。

还有一次，宋仁宗在散步的时候，时不时地就回头看，随从们都不知道皇帝是为了什么。宋仁宗回宫后，着急地对嫔妃说道："朕渴坏了，快倒水来。"

嫔妃觉得奇怪，问道："为什么在外面的时候不让随从伺候饮水，而要忍着口渴呢？"

宋代民族交流蜡像

■ 开封府尹包拯办案塑像

宋仁宗说："朕屡屡回头，但没有看见他们准备水壶，如果我要是问的话，肯定有人要被处罚了，所以就忍着口渴回来再喝水了。"

包拯在担任监察御史和谏官期间，屡屡犯颜直谏，唾沫星子几乎飞溅到宋仁宗脸上，但宋仁宗一面用衣袖擦脸，一面还接受他的建议。

有一次包拯要拿掉三司使张尧佐的职务，理由是他平庸了些。张尧佐是宋仁宗宠妃的伯父，所以宋仁宗有点为难，于是想了个办法，让张尧佐去当节度使。包拯还是不愿意，言辞更加激烈，带领7名言官与宋仁宗理论。张尧佐最终没能当成节度使。

"包青天"其实是政治清明的产物。如果皇帝不清明，就不会有包青天产生的政治环境。所以，从一定意义上说，是宋仁宗的善于纳谏成全了千古流芳的包拯。

宋仁宗一朝不仅出现了包拯，还出现了"先天

包拯（999—1062），字希仁，汉族，天圣进士。北宋庐州，即今安徽合肥人。北宋官员。谥号"孝肃"。1061年，任枢密副使。他因不畏权贵，不徇私情，清正廉洁，其事迹被后人改编为小说、戏剧，令其清官包公形象及包青天的故事家喻户晓，历久不衰。

下之忧而忧，后天下之乐而乐"的范仲淹，以及倡导文章应明道、致用，领导北宋古文运动的欧阳修。

还有，柳永"忍把浮名，换了浅斟低唱"，他好不容易通过了考试。但在宋仁宗看来，他不适合做官，还是填词的好，就给划掉了。

宋仁宗说："且去浅斟低唱，何要浮名？"

柳永于是反唇相讥，说是"奉旨填词"。讥讽宋仁宗的柳永不但没被杀头，填词也没受影响，而且填得更加放肆，这就非同寻常了。

一个惧怕大臣的皇帝，一般来说会赢得人民的热爱的，这个王朝的天也会比较清亮。而宋仁宗关心文化事业，也正说明了这一点。

宋仁宗在位时，曾多次关心文化事业。当时的三馆秘阁藏书多谬乱不全，宋仁宗诏翰林学士王尧臣、史馆检讨王洙、馆阁校勘欧阳修等人进行编次和整理，于1041年成《崇文总目》66卷，是北宋一部重要的官修目录。

后又下诏开购赏科，以广献书之路。规定每献一卷馆阁所缺之书，赏丈绢一匹，如果献500卷，就给予职务。又下令编撰《嘉祐搜访阙书录》一卷，作为搜访依据。

宋仁宗对读书人比较宽容，不兴文字狱。

有一次一个考生参加进士考试，在试卷里写道："我在路上听人说，在宫中，美女数以千计，终日里歌舞饮酒，纸醉金迷。皇上既不关心老百姓的疾苦，也不跟大臣们商量治国安邦的大计。"

考官们认为这个考生无中生有、恶意诽谤，宋仁宗却说："朕设立科举考试，本来就是要欢迎敢言之士。这个人敢于如此直言，应该特与功名。"

当时四川有个读书人，献诗给成都太守，主张"把断剑门烧栈道，四川别是一乾坤"。成都太守认为这是明目张胆地煽动造反，把他缚送京城。

按照历朝历代的律条，即使不按"谋大逆"严惩，起码也得按"危害国家安全"治罪，宋仁宗却说"这是老秀才急于要做官，写一首诗泄泄愤，怎能治罪呢？不如给他个官。"就授其为司户参军。

作为一个封建帝王，容考生无中生有的事，或许有人能做到，但容四川秀才的事，恐怕没几人能做到。

阅读链接

一天，宋仁宗处理事务到深夜，又累又饿，很想吃碗羊肉热汤，但他忍着饥饿没有说出来。

第二天皇后知道了就劝他："陛下日夜操劳，想吃羊肉汤，随时吩咐御厨就好了，怎能忍饥使陛下龙体受亏呢？"

仁宗对皇后说："宫中一时随便索取，会让外边看成惯例，我昨夜如果吃了羊肉汤，御厨就会夜夜宰杀，一年下来要数百只，会形成定例，日后宰杀之数不堪计算，为我一碗饮食，创此恶例，且又伤生害物，于心不忍，因此我宁愿忍一时之饿。"

宋孝宗乾淳之治

宋孝宗赵昚是南宋第二位皇帝，被普遍认为是南宋最杰出的一位皇帝。孝宗在位期间，专心理政，积极整顿吏治，裁汰冗官，惩治贪污，加强集权，努力收复中原，重视农业生产，兴修水利，创造了南宋中期的太平盛世。

当时政治清明，社会经济繁荣发展，民生富庶，民和俗静，家给人足，牛马遍野，余粮委田，五谷丰登，人民安居乐业，文化昌盛，出现了天下康宁的升平景象，后来被史家称为"乾淳之治"。

宋孝宗赵昚画像

近古时期

天下大治

■ 宋太祖赵匡胤 （927—976），别名香孩儿、赵九重。出生于洛阳夹马营，祖籍河北省涿州。军事家，政治家。他结束五代十国战乱局面，建立宋朝，庙号太祖。他在位期间，以文治国，以武安邦，开创了我国的文治盛世，是推动历史发展的杰出人物。

宋孝宗赵眘是宋太祖赵匡胤七世孙。1162年，宋高宗赵构让位于赵眘，是为宋孝宗，定年号隆兴，后改乾道、淳熙。宋孝宗在位时，专心理政，励精图治，是南宋名副其实的中兴之主。

南宋王朝自建立以来，一直在金国的威胁之下，此时的南宋，内部问题繁多，士风日下。官俸和军费占了国家大量的财政收入，况且高宗朝政府的税负不断加重，致使民怨四起。

宋孝宗即位之初，就开始着手革除南宋初期以来政治上的种种弊端。他积极整顿吏治，安定民心，改变以往赈灾方式，就是社仓法。又改变盐钞，将官府拖欠盐商的钱还给盐商，放宽了盐的专卖。

孝宗取消了很多加耗，裁汰冗官，加大对贪官污吏的惩治力度，严格官吏的考核，甚至亲自任免地方中下级官吏，不合格的都予以革职。

孝宗尽量减少不必要的开支，还常召负责财政的官吏进宫，详细询问各项支出和收入，认真核查具体账目，稍有出入，就一定要刨根问底。

冗官 在我国古代，人浮于事、机构臃肿常成为社会沉重的负担，北宋时期尤为严重。宋朝的官与职是两回事，官是虚名，称为寄禄官，职是管理具体事务的，称为职事官，后来由于官员膨胀，许多职事官也不管具体事务了。导致官场十分腐败，效率很低。

■ 南宋银铤

临安　宋室南迁，于1138年定行在于杭州，改称临安。秦、汉时为会稽郡余杭县地，东汉建安时分余杭置临水县，县治在高乐。是吴越国王钱镠故里和墓葬地。被选定为南宋行在后便大肆扩建，使之成为全国的政治、经济、文化中心。直至1276年南宋灭亡，前后共计138年。

为了革除时弊，宋孝宗一直保持着事必躬亲的作风。这固然是为了把权力集中在自己手中，但作为一个皇帝，自始至终能够孜孜不倦地处理政事，还是十分难得的。

宋孝宗注意发展生产，减轻人民负担。他不仅屡次下诏减轻人民负担，而且非常注重实效性。

例如，南宋初年以来，经常提前征收本税季的田赋，称为"预催"。夏税虽然规定是8月15日纳毕，而主管税收的户部却规定，7月底以前就要送到首都临安。

至宋孝宗时，已提前到5月，甚至4月送到户部，各地必须三四月就要征收，而此时的农作物根本没有成熟，虽然多次下诏禁止，但户部不执行。因为，每年四五月间指靠预催到的61万贯折帛钱供开支，若不预催，恐怕会出现延误。

于是参知政事龚茂良提出，将户部原先每年8月向南库借的60万贯钱，提前到4月上旬借用，"户部自无缺用，可以禁止预催之弊"。

宋孝宗下诏，此后必须按照规定时间收田赋，违者劾奏。拖延多年的预催问题，在宋孝宗亲自干涉下终于得到了解决，至少在宋孝宗时期出现了"民力少宽"。

在当时，地方官常以"羡余"名义进奉钱财，希望得到皇帝的恩宠。宋孝宗不接受地方官进献的"羡余"。但有的地方又将所谓的若干"支用剩钱"作为羡余进献，宋孝宗则诏令将此钱即作为贫困农户的税钱，并规劝官员为民多办实事。

宋孝宗经常督促地方官兴修水利，而且注重水利的实效，对失职官员给予降官以示惩罚。有的史料说宋孝宗时"水利之兴，在在而有，其以功绩闻者既加之赏矣，否则罚亦必行，是以年谷屡登，田野加辟，虽有水旱，民无菜色"，虽不无夸张，但大体反映了当时的情况。

宋孝宗即位之初，即下诏将会子加盖"隆兴尚书户部官印会子之印"，以表明是由朝廷户部发行的纸币，增加其权威性，以促进其流通。

由于政策恰当，保持了纸币币值的稳定与流通，不仅促进了商品经济的发展，也是宋孝宗时社会经济繁荣兴盛的反映。

宋孝宗不仅努力发展生产，兴修水利，还轻徭薄赋。如宋孝宗在取消无额上供钱时说："既无名额，则是白取于民。"因此这一项被取消。又如遇到灾荒，宋代例将当年税赋移到丰收年，分为两或三年补纳，宋孝

会子 是南宋高宗时由朝廷官办，户部发行的货币，仿照四川发行钱引的办法发行。是宋朝发行量最大的纸币，起源于临安，也称作"便钱会子"，即今汇票、支票，1135年，下诏禁止寄付兑便钱会子出城，因受到反对，次日取消。

■ 南宋青瓷人物俑

朱熹（1130—1200），字元晦、仲晦，号晦翁、云谷老人、沧州病叟等，世称"朱子"。生于宋代南剑州尤溪，即今福建省尤溪县。谥号"文"，封爵位徽国公。南宋著名的理学家、哲学家、教育家、诗人，闽学派的代表人物。他是宋代理学的集大成者。

宗也说既是灾荒，不应再收税赋，下诏不准到丰年再补收。

福建路兴化军自建炎三年起每年以"犹剩米"为名，额外征收2.4万多石供应福州，孝宗于乾道元年减去一半，至乾道八年又将剩余部分全部减免。又如徽州自唐末五代初陶雅任郡守时，增收的额外"科杂钱"1.2万多缗，一直沿征了260多年，直到乾道九年才免除。

宋孝宗一改北宋后期与南宋初期，树一派打一派的学术政策，他对主流学派王安石新学及新兴起来的程朱理学，主张兼容并蓄，共同发展。沉寂了30多年的苏氏蜀学，在宋孝宗即位后重新兴起。

宋孝宗为苏轼文集作序赞扬，并追谥苏轼"文忠"、苏辙"文定"，追赠苏轼太师，对苏氏蜀学的发展起到推动作用。

正是宋孝宗倡导的百家争鸣、共同发展的学术环境，才使得诸子之学各有所长。不仅有理学派代表人物，也有新学派的王安石和王雱，以及蜀学派的苏轼。

■ 陆游（1125—1210），字务观，号放翁。汉族，越州山阴人。南宋著名的诗人。他创作的诗歌很多，今存九千多首，内容极为丰富。其主要抒发政治抱负，反映人民疾苦，风格雄浑豪放；抒写日常生活，也多清新之作。他的词虽不多，但和诗同样贯彻了气吞残虏的爱国主义精神。杨慎谓其词纤丽处似秦观，雄慨处似苏轼。著有《剑南诗稿》《渭南文集》《南唐书》《老学庵笔记》等。

由于有这样的社会环境，才造就了一大批卓有成就的文人学者。其时，不仅有著名的思想家朱熹、陆九渊、陈亮、叶适；还有著名的文学家，如陆游、范成大、杨万里、尤袤，著名词人辛弃疾等，他们都活跃在宋孝宗时期。

宋孝宗平反岳飞冤狱，起用主战派人士，锐意收复中原。为此，他重视军事的发展，努力整军兴武，在5年间，先后举行了3次大规模的阅兵，还积极选拔将领，自己也学习骑射。南宋的军队战斗力有了很大的提高。

■ 南宋蟠龙瓶

他先后派遣使臣范成大和赵雄出使金国。首先是要回河南，其次是改变宋朝皇帝接受金国使臣递交国书时，亲自下殿去取的礼仪。这两条都遭到了金世宗的拒绝。

在宋孝宗想和平达到目的未能实现后，只好寄托于武力解决了，于是又开始整军备战。他准备让虞允文率一军从川陕主攻，自己亲领一军在淮南出师，兵分两路伐金。

正当他等待虞允文的消息时，虞允文却在四川病死致使宋孝宗的计划成为泡影。

当时，主张抗金的大臣张浚已于和议前去世，宋孝宗转而依靠指挥采石之战的虞允文。宋孝宗决定采取分别从江淮、四川东西两路攻金的策略，因而任命

杨万里（1127—1206），字廷秀，号诚斋。江西吉州人。南宋大诗人。1154年中进士。他历任国子博士、太常博士，太常丞兼吏部右侍郎，提举广东常平茶盐公事，广东提点刑狱，吏部员外郎等。在我国文学史上，他与陆游、范成大、尤袤并称"南宋四家""中兴四大诗人"。他作诗25000多首，只有少数传下来。

虞允文为四川宣抚使。

此前一年，宋孝宗还将三衙之一的侍卫马军司移屯建康，以建康作为宋军东路的前进基地。

虞允文病死后，宋孝宗虽然也整军练武，积极做好攻金的准备，又几次以接受金朝国书仪式不平等而发难，企图以之激化矛盾，引发军事对抗。

然而，宋孝宗北上抗金、收复中原的主张，既受制于太上皇宋高宗，又得不到大臣们的支持，每次都以太上皇有旨而姑听仍旧。以孝顺著称的宋孝宗不可能一点都不听。

后来，始终制约宋孝宗的太上皇宋高宗，直至81岁去世时，宋孝宗已是年过60的花甲老人了。

宋孝宗不愧是宋太祖赵匡胤的后人，一反宋高宗时卑躬屈膝的投降路线，一心想恢复中原，他的这种积极进取、蓬勃向上的精神是值得称道的。

宋孝宗在位期间，在内政上积极整顿吏治，裁汰冗官，惩治贪污，加强集权，重视农业生产。总体说来，宋孝宗在位时期，是南宋政治上最清明，经济、文化最繁荣兴盛的时期。

阅读链接

据说有一天，宋高宗在杭州享乐，兴致极佳，突然有人禀报，出使金国的使者已回。宋高宗放下闲情逸致，召见使者。

据使者说，金国的皇帝金太宗长得酷像宋太祖，并扬言要夺回本来就是他的皇位。

宋高宗听了十分扫兴。就在当天晚上，他梦见宋太祖黄袍加身，属下高呼万岁，可宋太祖突然翻了脸，恶狠狠地对宋高宗说："皇位是我们赵家的！"

宋高宗立刻惊醒，默默地想把皇位传给太祖后人。这个人就是后来的宋孝宗赵昚。

明清两代是我国历史上的近世时期。我国的君主制历史特别长，尤其至明清两代，封建君主专制达到巅峰。专制主义下的乾纲独断，使得君主的水平影响到国计民生乃至整个国家的命运。

事实上，明清两代所开创的"治世"局面，融合了多种文化元素。在对明清两代歌舞升平景象的描述中，我们不难感受其经济繁盛与文化昌明。这对走向民族复兴的我国人来说，应该是一次颇多教益的精神之旅。

近世时期

繁荣时代

明太祖洪武之治

明太祖朱元璋是明朝开国皇帝，他是一位雄才大略，励精图治的君主。

在他统治期间，发展经济，实行一系列休养生息、发展农业和工商业生产的措施；整顿吏治，严惩贪官污吏；多次北伐，肃清元朝残余势力；提倡文教，广设学校，讲习社会之礼，使得天下大治，呈现出繁荣的景象。

"洪武之治"一直是史家常议常新的话题。

■ 明太祖朱元璋坐像

朱元璋于1368年在南京称帝，国号大明，是为明太祖，年号洪武。出身寒微、放过牛、当过和尚的朱元璋在元末农民起义中纵横捭阖，力挫群雄，终于平定四海，统一宇内。

明朝建立伊始，由于元末统治者残酷的压迫和剥削，加上长期战乱，社会经济受到严重的破坏，致使大量土地荒芜，居民减少，漂泊流浪，呈现出萧条的状况。

明太祖善于总结历代王朝兴衰的经验教训，又亲身参加过元末农民大起义，比较了解百姓的要求，懂得治乱安危的关键是百姓境遇的好坏。

他实行了发展生产，与民休息的政策，以达到长治久安的目的。

他对来朝见的外地州县官们说："天下初定，老百姓财力困乏，像刚会飞的鸟，不可拔它的羽毛；如同新栽的树，不可动摇它的根，重要的是休养生息"。

1370年，明太祖接受大臣实行"民屯"的建议，鼓励开垦荒地。并下令：北方郡县荒芜田地，不限亩数，全部免3年租税。他还采取强制手段，把人多地少地区的农民迁往地广人稀的地区；对于垦荒者，由朝廷供给耕牛、农具和种子；并规定免税3年，所垦之地归垦荒者所有；还规定，农民有田5至10亩的，必须栽种桑、棉、麻各半亩，有田10亩以上者加倍种植。这些合理的措施，大大激发了农民垦荒的积极

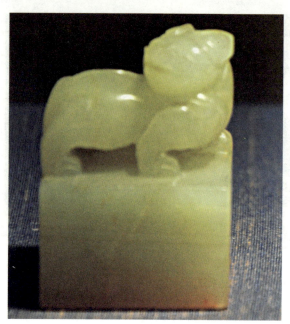

■ 明代白玉玺

提刑按察使司
古代官署名。明代地方上分为省、府、县、里4级。其中，只有省一级才设立专门的司法机构——提刑按察使司，其长官提刑按察使掌管全省的刑名案件，其审理权限仅仅限于徒刑以下的案件，徒刑以上的案件必须报到刑部审理。

性。1393年，民户达1605万户，人口达6054万人，垦地面积达850万顷。

明初还设有军屯和商屯。军屯由卫所管理，官府提供耕牛和农具。

军粮基本上自给自足。商屯是指商人在边境雇人屯田，就地交粮，省去了贩运费用，获利更丰。商屯的实行，解决了军粮问题，同时也开发了边疆。

为了恢复和发展生产，明太祖十分重视兴修水利和赈济灾荒。

在即位之初，明太祖就下令，凡是百姓提出有关水利的建议，地方官吏须及时奏报，否则加以处罚。至1395年，全国共开塘堰大约40000余处，疏通河流大约4000多条，成绩卓然。

在明太祖积极措施的推动下，农民生产热忱高涨。明初农业发展迅速，元末农村的残破景象得以改观。农业生产的恢复发展，促进明代手工业和商业的发展。明太祖的休养生息政策巩固了新王朝的统治，稳定了农民生活，促进了生产的发展。

为了彻底解决蒙元贵族的残余势力，洪武帝从明朝建立开始就不断北伐。

1369年，明军追击北元残余势力，俘虏丞相以下

1万余人，北元皇帝逃到漠北几百千米外。

1370年，明军再次北伐，于沈欲口大破元军主力王保保，俘虏文济王以及国公阎思孝、虎林赤、察罕不花、韩扎儿等10万余人。

1387年，明军越过长城，轻骑雪夜奔驰，偷袭元军大寨，最后在蒙古捕鱼儿海大败元军，俘虏北元残余势力8万人。蒙古从此一蹶不振，分裂为鞑靼、瓦剌、兀良哈三大部。

明太祖为了政权的稳固，积极清除权臣。明初，官僚机构基本上沿袭了元朝，明太祖逐渐认识到其中的弊病，于是进行了改革，废除了行省制。

1376年，明太祖宣布废除行中书省，设立承宣布政使司、都指挥使司和提刑按察使司，分别担负行中书省的职责，三者看似分立，但又互相牵制，防止了地方权力过重。

明太祖出身贫苦，从小饱受元朝贪官污吏的敲诈

都指挥使司 明官署名，简称都司，是明朝设立于地方的军事指挥机关。掌一方军政，统率其所辖卫所，属五军都督府而听从兵部调令。与布政使司、按察使司合称三司，分掌地方军政、民政、刑狱。

■ 朱元璋登基蜡像

■ 朱元璋与大臣刘伯温蜡像

勒索，他的父母及长兄就是死于残酷剥削和瘟疫，自己被逼迫从小出家当和尚。所以，在他参加起义队伍后就发誓：一旦自己当上皇帝，先杀尽天下贪官。

后来他登基皇位不食言，果然在全国掀起轰轰烈烈的"反贪官"运动，矛头直指中央到地方的各级贪官污吏。

首先，对贪污六十两银子以上的官员格杀勿论。其次，敢于从自己身边"高干"开刀。再次，对自己培养的干部决不姑息迁就。最后，制定整肃贪污的纲领，即《大诰》。

正是因为明太祖在惩治救灾不力及漠视民瘼官员方面雷厉风行，决心之大，力度之强，绝不手软，官场为之一振，吏治得以整肃，各级朝廷日趋高效，救灾恤民成为朝廷及各级官员之急务。凡此，为"洪武之治"的出现提供了保障。

在军事上，明太祖废除了管理全国军事的大都督府，将其分为中、左、前、后、右五军都督府，分领在京各卫所和在外各都司。

都督府所管仅是兵籍和军政，不能直接统率军队。军官的选授权在兵部，而军队的调遣和最高指挥权则在皇帝。

五军都督府 明末时期的大都督府是明朝中军都督府、左军都督府、右军都督府、前军都督府、后军都督府五都督府的总称，统领全国军队的最高军事机构。朱元璋初置统军大元帅府，后改为枢密院，又改之为大都督府，节制中外诸军事。

打仗时，兵部奉旨调兵，并秉承皇帝意旨，任命总兵将官，发给印信。战后，统兵官交还印信，士兵回归原来卫所。

在军队编制方面，自京都至府县，都设立卫所。府县各卫归各省都指挥使司管辖，各都指挥使司又分别归统于中央的五军都督府。

京都的卫军分两种，一是五军都督府分统的四十八卫军。明成祖时，定名"五军"，增到七十二卫，并添设三千营和神机营，与五军合称"京军三大营"。三大营是全国卫军的精锐。据估计，洪武后期全国兵额约180万以上，永乐时增至280万左右。

明太祖在创立明王朝的过程中认识到，元朝之所以灭亡，除了统治者本身的素质以外，整个社会失于教化也是一个原因。因此，一登上皇位，他就采取了一系列强制措施，兴建学校，选拔学官，并坚持把"教育工作"作为衡量地方官政绩的重要指标。

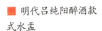
■ 明代吕纯阳醉酒款式水盂

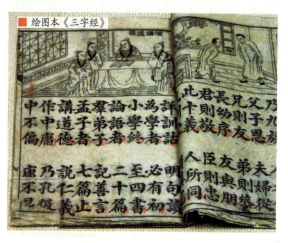

■ 绘图本《三字经》

为了选拔能听命于皇帝的官吏，明朝朝廷规定科举考试只许在"四书五经"范围内命题，考生只能根据指定的观点答卷，不准发挥自己的见解。答卷的文体，必须分成8个部分，称为"八股文"。

1375年，明太祖诏令天下立社学，府、州、县每50家要设社学一所，用于招收8岁至15岁的民间儿童入学。儿童入学后先学习《三字经》《百家姓》《千字文》等，然后学习经、史、历、算等知识，同时必须兼读《御制大诰》、明朝律令，另外还要讲习社会之礼。

洪武年间文化教育虽不若唐宋之风，但对于元末之文化衰退而言，明太祖之功也不可小觑。

明洪武时期，天下初定，百废待兴，天灾频发，民生多艰。但也正因为如此，明太祖宵旰图治，以安生民，终于形成一个治世局面。

阅读链接

对于朱元璋的滥杀，皇太子朱标深表反对，曾进谏说："陛下诛戮过滥，恐伤和气。"

当时朱元璋没有说话。第二天，他故意把长满刺的荆棘放在地上，命太子捡起。

朱标怕刺手，没有立刻去捡，于是朱元璋说："你怕刺不敢捡，我把这些刺去掉，再交给你，难道不好吗？我杀的都是对国家有危险的人，除去他们，你才能坐稳江山。"

朱标却说："有什么样的皇帝，就会有什么样的臣民。"

朱元璋大怒，拿起椅子就扔向太子，朱标只好赶紧逃走。

明成祖永乐盛世

明成祖朱棣是明朝第三位皇帝。他统治期间采取了许多措施大力发展经济，使社会安定，国家富强。《明史》描绘朱棣雄才大略、励精图治，发展经济，提倡文教，改革吏治，使得天下大治，并且宣扬国威，大力开拓海外交流，以至称赞该时期"远迈汉唐"。

明成祖不仅完善文官制度，还扩张领土面积，使国家更加强大。他统治时期称为"永乐盛世"，明成祖也被后世称为"永乐大帝"。

■ 明成祖朱棣画像

■ 古籍《永乐大典》

郑和 （1371—1433），原名马三保。明朝伟大的航海家。在靖难之变中为朱棣立下战功。朱棣认为马姓不能登三宝殿，因此在南京御书"郑"字赐马三保郑姓，改名为和。1405—1433年，郑和七下西洋，完成了人类历史上伟大的壮举。

明成祖朱棣是明朝的第三代皇帝，明太祖朱元璋第四子，生于应天，时事征伐，受封为燕王。

1402年夺位登基，是为明成祖，改元永乐。后来迁都北京后，北京从此成为我国的政治中心。

从登基时起，明成祖就致力于各方面的改革。他极力肃整内政，巩固边防。在文化事业上，加强儒家文化思想的统治，大力扩充国家藏书。

1403年7月，明成祖命解缙、姚广孝、王景、邹辑等人纂修大型的类书，至1408年11月编成《文献大成》，即《永乐大典》，共22877卷，装成11095册。

《永乐大典》是我国古代编纂的一部大型类书，收录入《永乐大典》的图书均未删未改，是最大的百科全书，收录上至先秦下达明初的古代重要典籍达七八千种之多，也是当时世界上最大的百科全书，比18世纪中叶出版的《大英百科全书》和《法国百科全书》要早300多年。

《永乐大典》藏于"文渊阁"中，对保存古代文化典籍有重要贡献，是中华民族珍贵的文化遗产。

明成祖为开展对外交流，扩大明朝的影响，与世界各国建立了友好关系。

1405年，明成祖派遣宦官郑和为正使，王景宏为副使，率水手、官兵27800人，乘"宝船"62艘，远航西洋。

明朝舰队从苏州刘家港出发，至占城、马来西亚的马六甲、印度尼西亚的爪哇、苏门答腊及锡兰等地，经印度西岸折返回国。

以后又于1407年至1433年的20多年间，先后7次出海远航，经过30多个国家，最远曾达非洲东岸、红海和伊斯兰教圣地麦加，成为明初盛事。

这就是伟大的郑和下西洋。

明成祖还多次派遣吏部验封司员外郎陈诚、中官李达等官员出使西域诸国，西域诸国如帖木儿帝国、吐鲁番、失剌斯、俺都准、火州也与明朝多次互派使者往来，称臣纳贡。明朝与西域诸国加强了政治、驻

119

近世时期

繁荣时代

王景弘 明朝龙岩县集贤里香寮人，是我国航海史上仅次于郑和的一位杰出的航海家、外交家和军事家。他先后6次出使西洋，历30余国。每次使洋都随带金银、丝绸、铜铁及各种工艺品与外国交流，沟通了中国与亚非国家间的通商关系，铺设了海上"丝绸之路"。

郑和下西洋船队

■ 明代居庸关关楼

军和贸易往来，使得全国的统一形势得到进一步发展和巩固。

永乐时期派使臣来朝者达到了30余国，中亚的帖木儿帝国也与明朝多次互派使者往来。其中浡泥王和苏禄东王亲自率使臣来中国，不幸病故，分别葬于南京和德州。

1406年，明成祖出兵占领安南，即今越南。1407年，在河内设立了交趾布政司，也就是行省，下设15府、6州、200余县。后因当地人民反抗激烈，明朝廷于明宣1427年放弃，安南恢复黎氏王朝。

1409年，明朝在黑龙江下游东岸特林地方，设立了奴儿干都指挥使司，管辖今黑龙江、乌苏里江、松花江流域和库页岛等130多个卫所。

在明成祖永乐年间，明军多次北伐，边境形势一度改观。

1410年，明成祖为了彻底解决蒙元贵族的残余势力，御驾亲征率领明军北伐漠北。这次北伐，明军在飞云山大战中击破五万蒙古骑，迫使蒙古本部的鞑靼向明朝称臣纳贡，永乐帝封鞑靼大汗为和宁王。

随后明朝大军一直进入到极北的擒狐山，在巨石上刻字为碑"翰海为镡，天山为锷"。

1414年，永乐帝举行第二次北伐，击败了蒙古另一部瓦剌，瓦剌遣使谢罪之后，永乐帝班师回朝。

1421年，永乐帝举行第三次北伐，大败兀良哈蒙古。蒙古势力遭到永乐帝的连续打击后，直到明英宗的土木之变前都无法对明朝构成威胁，但即使是土木之变，明朝也是迅速动员兵马取得了北京保卫战的胜利。

明中叶以后，随着蒙古的再次崛起，边境再次南移。并修建长城以防御蒙古，在长城沿线设置九边重镇加强防御。

长城也成为明中后期的北边，同时也是农耕区与

奴儿干都指挥使司 简称奴儿干都司，一作奴尔干都指挥使司，明官署名。1409年置，是我国明朝明成祖时在东北黑龙江出海口一带所设立的一个军事统治机构。治所在黑龙江下游东岸特林，有卫、所四百余，屯驻军队，为当地军政机构。

■ 明代嘉峪关长城

■ 明代玉碗

太平盛世

历代盛世与开明之治

游牧区的界线。

明成祖即位之初，对洪武、建文两朝政策进行了某些调整，提出"为治之道在宽猛适中"的原则。他利用科举制及编修书籍等笼络地主知识分子，宣扬儒家思想以改变明初嗜佛之风，选择官吏力求因才而用，为当时政治、经济、军事等方面的发展奠定了思想和组织基础。

明成祖所完善的文官制度在朝廷中逐渐形成了后来内阁制度的雏形。这个内阁制度被西方国家所效仿，一直延续至21世纪。

明成祖首先重建了在动乱的内战中陷于混乱的帝国的官僚体制。另一方面他保留了洪武帝的基本行政结构，另一方面他的改组又注入了革新的内容，以矫正从前时代安排上的失误和适应变化中的需要。

第一步是先组建新的内阁，使之作为皇帝和官员之间的联系桥梁而在内廷发挥作用；这样就弥补了取消外廷的中书省之后所引起的结构上的缺点。内阁马上变成了官僚政制的主宰，并且作为文官朝廷中的主要执行机构来进行工作。

第二步是重新组织了监视网，以确保他的地位的安全，同时用它来监察弊政。为了获取情报，他不仅依靠文官政制中的监察和司法官员，也依赖自己的宦官和锦衣卫。宦官们作为皇帝的私人仆役直接听命于皇帝，对皇帝公开表示绝对的忠诚，并且准备随时执行交给他们的任何任务。

1420年，明成祖在北京设了特殊的调查机构东厂，这个机构交由宦官掌管，从来不受正规司法当局的辖制。它是一个治安保卫机关的牢狱，直至明朝的灭亡。

为了加强帝位的安全程度，又重建锦衣卫来协助宦官搞调查工作。他征调了信得过的许多军官做它的指挥使，授予这些指挥使以各种秘密调查之权，还授权让他们拘捕和处罚一切被怀疑向他的权力进行挑战的人。

明成祖对各地方官吏要求极为严格，要求凡地方官吏必须深入了解民情，随时向朝廷反映民间疾苦。

1412年，明成祖命令入朝觐见的地方官吏五百余人各自陈述当地的民情，还规定"不言者罪之"。之后，又宣布地方官或中央派出的民情观察员，如果看到民间疾苦而不实报的，要逮捕法办。对民间发生了灾情，地方上要及时赈济，做到朝告夕应，无有壅塞。

在民族交流方面，明成祖隆重接待西藏又具有巨大实力的宗教人物得银协巴，并由此与西藏的其他各方面的宗教领袖建立关系。1413年，萨迦派的教长应邀来北京，受到隆重接待，并于1414年由宦官护送回藏。

此后萨迦派的住持继续派使团来我国，直至15世纪30年代。当时最

明代山水人物纹笔筒

驿站 是古代供传递官府文书和军事情报的人或来往官员途中食宿、换马的场所。驿站分驿、站、铺三部分。驿站是官府接待宾客和安排官府物资的运输组织。站是传递重要文书和军事情报的组织，为军事系统所专用。铺由地方厅、州、县政府领导，负责公文、信函的传递。

■ 明代番邦觐见朝拜复原图

伟大的宗教人物宗喀巴曾经与明朝朝廷交换礼物并派去使团。

明成祖还想方设法要把诸女真部落纳入纳贡制度之中。明朝廷设立了一系列的驿站，以便与住在偏远北方的女真人联系。为女真人设立了边境集市，少数集团获准在辽东的我国边境境内或邻近之地和在北京之北定居。定居者得到了礼物和粮食，有些部落领袖还接受了低官阶的武职和官衔。他们则报之以向明朝廷进贡土产品。

明朝的领土初年东北抵日本海、鄂霍次克海、乌地河流域，后改为辽河流域；北达戈壁沙漠一带，后改为今长城；西北至新疆哈密，后改为嘉峪关；并曾在今满洲、新疆东部、西藏等地设有羁縻机构。明成祖时期甚至短暂征服并统治安南。

明代故宫

1415年，明朝领土面积达到约735万平方千米。明成祖比明朝的开国皇帝对以后明代历史的进程更具影响。他留给了明代后来的君主们一项复杂的遗产：一个对远方诸国负有义务的帝国，一条沿着北方边境的漫长的防线，一个具有许多非常规形式的复杂的文官官僚机构和军事组织，一个需要大规模的漕运体制以供它生存的宏伟的北京。这份庞大的历史遗产，只有在一个被帝国理想所推动的领袖领导下才能够维持。

阅读链接

据说朱棣在北平当燕王的时候，认识个叫道衍的和尚。道衍一见朱棣，就说："要是有我帮着您，保准让大王您戴上一顶'白'帽子。"

朱棣一听就明白了：自个儿现在是王，"王"字上再戴上个"白"帽子，也就是说，"王"字上加"白"字，不就是"皇"字吗？噢，这和尚是想帮着自己当皇帝呀！朱棣很高兴，就把道衍留了下来。

时隔不久，朱棣在北平起兵，最后做了皇帝。道衍给朱棣出了好些主意，朱棣也让道衍做了大官。

明朝仁宣之治

■ 明宣宗朱瞻基坐像

　　明仁宗朱高炽和明宣宗朱瞻基多有建树，采取了宽松治国和息兵养民的政策。仁宗时发展生产，与民休息；宣宗时实行重农政策，赈荒惩贪。

　　经过仁宣之治，政治清明、法纪严明，经济繁荣、仓廪充实，百姓安居、民心顺畅，蔚然有治平之象，形成了明代早期国泰民安的升平景观。后世称之为"仁宣之治"。

明仁宗朱高炽和明宣宗朱瞻基在明成祖朱棣去世后先后继位。在历史上，明仁宗和明宣宗常常被比作周朝的周成王和周康王，汉朝的汉文帝和汉景帝。

继"成康之治"和"文景之治"之后，"仁宣之治"是又一个守成君王的好典型，他们能继承创业君王的遗志，较好地治理国家。

朱高炽是明成祖的长子，1395年就被册立为燕世子，成为燕王朱棣的法定继承人。他生性端重沉静，言行识广，喜好读书。朱高炽即位后，改年号洪熙，这就是明仁宗。随后开始了一系列改革。

■ 明仁宗朱高炽画像

明仁宗赦免了建文帝旧臣和永乐时遭连坐流放边境的官员家属，并允许他们返回原处。又平反冤狱，使得许多冤案得以昭雪，如建文朝忠臣方孝孺的冤案，永乐朝解缙的冤案都在这一时期得到了平反，并且恢复一些大臣的官爵，从而缓和了统治集团内部的矛盾。

明仁宗选用贤臣，削汰冗官，任命杨荣、杨士奇、杨溥三人辅政。废除了古代的宫刑，停止了皇家的采办珠宝。

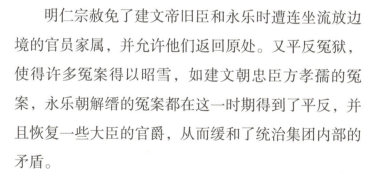

建文帝

（1377—？），朱允炆，明太祖朱元璋之孙。明朝第二位皇帝，年号"建文"。在靖难之变后下落不明。追谥"孝愍皇帝"，庙号神宗。后谥"嗣天章道诚懿渊功观文扬武克仁笃孝让皇帝""为恭闵惠皇帝"，后世有人以其年号而称建文帝。

■ 明代生员服饰

他处处以唐太宗为楷模，修明纲纪，爱民如子，下令减免赋税，对于受灾的地区无偿给以赈济，开放一些山泽，供农民渔猎，对于流民一改往常的刑罚，采取妥善安置的做法。

明仁宗崇尚儒学，褒奖忠孝，他统治期间儒家思想得到了充分的发展。还在京城思善门外建弘文馆，常与儒臣终日谈论经史。

明仁宗对科举制度作出了重要的贡献。当时由于南方人聪明而且刻苦，进士之中多为南方人，但北方人天性纯朴，忠贞，也是皇家不可或缺的支柱，但北方人文采出众的较少。

为了保证北方人可以考中进士，明仁宗规定了取中比例"南六十、北四十"，这一制度一直被沿用至清朝。

明仁宗非常善于纳谏，曾经给杨士奇等人一枚小印，鼓励他们进谏，因此洪熙朝政治非常清明，朝臣可以各抒己见，皇帝可以择善而行。

明仁宗所做的一切，使得人民得到了充分的休养生息，生产力得到了空前的发展，明朝进入了一个稳定、强盛的时期，也是史称"仁宣之治"的开端。

朱瞻基于1411年被祖父明成祖朱棣立为皇太孙，

数度随成祖征讨蒙古。1425年6月27日正式登基，开始了宣德朝。朱瞻基就是明宣宗。

明宣宗登基之后，摆在他面前最大的问题就是外藩问题。这个问题在以前都没有得到根本解决，明宣宗即位之后，马上着手整顿军务，准备迎接来自强藩的挑战。

他的皇叔朱高煦以"清君侧"为名发动叛乱，明宣宗在大臣杨荣的建议下御驾亲征，最后生擒朱高煦，彻底平定了叛乱。

得胜之师回到北京后，明宣宗马上传诏给另外一个皇叔朱高燧，暗示他交出兵权。朱高燧并没有反抗，乖乖地交出了三卫兵马。就这样，明初近半个世纪的藩王问题在宣德朝终于得到了解决。

安南问题也是宣德朝的一个重要问题。早在明永乐时期，由于安南国内部的争斗，使得安南国原来的统治者绝嗣，安南一片混乱，明成祖派大将张辅率兵平叛，并在安南正式建衙，并派人管理。

但是由于一些贪官污吏的压榨，加之历史渊源，安南几乎没有断过兵燹，这使得明初的财政背上了沉重的负担。至明宣宗即位时，安南问题日趋严重，朝廷军队不断在安南遭遇败绩。

明代将军蜡像

■ 明宣宗亲耕蜡像

钦差大臣 又简称钦差，是明清时一种临时官职。钦差是皇帝差遣之意，因此钦差大臣是由皇帝专门派出办理某事的官员。因为代表了皇帝本人，所以其地位十分了得。担任该官职往往都是皇帝信得过的高官，能得此职事本身也是一种荣誉。事毕复命后，该官职便取消。

在这种情况下，明宣宗决定议和，放弃对安南的占领。从长远来看，此举不但减轻了人民负担，节省了大批人力财力，而且利于安南与各个民族的交往。

随着政局的稳定，被战乱破坏的地方，又重新建立起社会秩序。农业逐渐恢复，户口与垦田逐渐增多，粮食产量增加，朝廷税收增多，官营民营手工业陆续发展，商业城市增多，海外贸易往来活跃。

在对内治国之道上，明宣宗实行安民、爱民的仁政。他深知"民能载舟也能覆舟"的道理，因此在他统治的期间内，体恤民情，实行与民休息的政策。

明宣宗继续推行洪武朝以来的招人垦荒的政策，发展农业生产。

1430年3月，明宣宗路经农田时，看见路旁有耕作的农民，于是他下马询问农作物的生长情况。他兴致盎然，取来农民耕田的农具，亲自犁地。

没推几下，他停下来，回头对大臣说："我只是推了3下就有不胜劳累的感觉，何况农民终年劳作。"说完就命人赏赐农民钱钞。

明宣宗对农民的生活和处境是了解的，因此能够在制订政策时考虑到他们的利益。

1430年6月，京畿地区发生了蝗灾，明宣宗派遣官员前去指挥消灭蝗虫。他仍不放心，特意谕旨户部，告诫他们往年负责捕蝗的官员害民的危害一点也不比蝗灾小，因此要严禁杜绝这种事情的再次发生。

明宣宗十分关注旱涝和蝗虫灾害。在正常的制度范围内，他对受灾区采用各种各样的救灾措施，诸如免税一两年，减收田赋二至四成，分发免费的粮食和其他生活用品以吸引难民重返家园。

为了保证取得理想的结果，他鼓励地方官员履行自己的职责，并常常派钦差大臣去各受灾区监督工作的进行。历史学家一般都盛赞明宣宗全心全意地关心人民的福利。

在宣德朝，图书文化事业发展迅速。1433年，明宣宗命杨士奇、杨荣于馆阁中择能书者10人，取五经、《说苑》之类，各类副本，分别贮藏于广寒、清署二殿及琼花岛，以资观览。又建造"通集库""皇

■明代官员视察灾区蜡像

史晟"以藏古籍、档案。内阁藏书约20000余部，近百万卷。史称"当是之时，典籍最盛"。

由于明仁宗朱高炽，明宣宗朱瞻基的作风较为开明，才有了在明代历史上一段为史家所共同称道的"仁宣之治"。

明仁宗和明宣宗的共同之处，就是两位皇帝均自称是守成之君。守成即守业，在一定意义上就是守旧；名曰守旧，但却实行了与旧时完全不同的治国理念和政策策略，个中滋味颇耐人寻味。

以武力夺取天下，以暴力征服天下，毕竟不是什么令人愉快的事情。高压政治稳定了政权，高压出太平，但这样的太平并非太平盛世，太平的歌舞升平之后隐藏着尖锐、积重难返的社会矛盾和问题。

当人们厌倦、忧虑严猛政治游戏时，宽仁治国、发展经济便成为人们反复经历高压政治后的殷切期望，成为社会发展必然的历史趋势。仁、宣二帝适应历史和社会的需求，虽出于思想稳定和政治宣传的需要，但却实行新政，才有了治平之象。

史家在评价这段历史时曾颇具深意地说"民气渐舒"，即民心顺畅了，民气舒展了，把"民气渐舒"作为治平之象的主要特征，对后世和后人的警示意义就显而易见了。

阅读链接

有一次，朱元璋叫孙子朱高炽阅看章表奏文。

朱高炽在向朱元璋汇报时，只讲章表奏文中有关军民利害的事情，从来不提其中偶尔出现的文字谬误。

朱元璋把他看过的章奏拿过来，自己又看一遍，把那些谬误一一指给他看，问道："孙儿，你没看出这些毛病么？"

朱高炽回答道："我哪敢疏忽粗心，看不出这些毛病呢！只是想，不能絮絮叨叨地讲这些小毛病，那样会浪费您的时间和精力。"

经过考察，朱元璋很高兴，认为他有当君王的见识。

明孝宗弘治中兴

　　明孝宗朱佑樘是明朝第九位皇帝。明孝宗宽厚仁和，勤于政事，任贤使能，抑制官宦，倡导节约，与民休息，其政治品行是明代君主中十分不多见的。

　　在他统治期间，吏治清明，社会经济繁荣，人民安居乐业，出现了一个短暂的"治世"。史家称之为"弘治中兴"，明孝宗也被誉为"恭俭有制，勤政爱民"的皇帝。

■ 明孝宗朱祐樘坐像

■ 明朝皇帝罢免官
员蜡像

百户 官名。金初
设置，为世袭军
职。元代相沿，
设有户为百夫之
长，隶属于千
户，而千户又隶
属于万户，为世
袭军职，受千户
管辖。驻守各地
者，设百户所，
分隶于各县千户
所。明代卫所兵
制也设百户所，
统兵100人，分为
两总旗，旗各50
人；10小旗，旗
各10人，隶属千
户所。百户为百
户所的长官。

朱祐樘于1487年9月继位，第二年改年号为"弘治"，是为明孝宗。事实上，明孝宗接手的，不仅是一个紊乱的朝政，而且是一个千疮百孔的国家。

对于这些情况，他在宫中为太子时已经是有所了解的。他即位之初，为了改革弊政，就把精力主要放在了朝廷要员的人事安排上。

明孝宗希望的是实现治世，依靠正派官吏，革除弊政，因此在即位之后，他就开始整顿吏治。

首先在内阁罢免了以外戚万安为首的"纸糊三阁老"。同时，大量起用正直贤能之士。像王恕、怀恩、马文升等在成化朝由于直言被贬的官吏，还有徐溥、刘健、谢迁、李东阳等贤臣。他还为抗击瓦剌建立大功的于谦建旌功祠，时称朝序清宁。

当时有人奏陈时政，说一些人所共知的治国道理，但关键是能否真正落到实处。可喜的是，明孝宗一上台便有用贤去佞之举，这些显而易见的治国道理也便成为君臣共遵的原则。

当时，嘉兴百户陈辅恃权横行，直闹到攻陷府城，占据府库，开狱放囚，抢得军器，后又逃入太湖。针对这起典型的权势豪强与官府同流案件，明孝宗命彭韶清理浙江盐政，李嗣清理两淮盐政。

彭李两人均朝中正臣，严责地方，变更盐法，势豪之家才不得肆意与民争利。

几个月后，四川发生大饥荒，当地有人乘机闹事。明孝宗调湖广漕运米20万石赈济四川，又发帑金2万两，给饥民耕种之具。在上有明孝宗支持，下赖官员尽心的共同努力下，四川大饥不乱，饥民复业。

明孝宗整顿吏治的作用得到了充分体现。不过当时最见效果的措施还当属对黄河的治理。

1489年5月，黄河在开封及荆隆口决堤，由北道入山东张秋，汇于运河，淹及山西郡县。因为开封城受灾尤甚，有人建议迁徙开封城以避水患，只是河南布政使徐恪坚决反对，才得以不迁。

在这种情况下，明孝宗以户部侍郎白昂，会同山东、河南及北直隶三地巡抚相机修治河道。当时调动民夫25万人，筑长堤，修检水

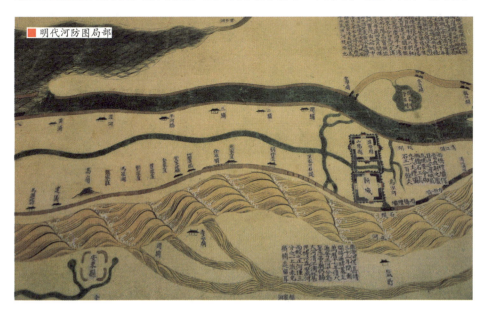

明代河防图局部

刘大夏

（1436—1516），字时雍，号东山，湖广华容，即今属湖南人。明代大臣。与王恕、马文升合称"弘治三君子"。他曾任进士、方郎中、户部左侍郎、右都御史、兵部尚书等职。刘大夏能诗，有《东山诗集》《刘忠宣公集》。

闸，疏泄水之河月河，塞决口，引黄河流入汴水，再入睢水、泗水，入淮河以达黄海。

同时修筑山东鱼台、德州及吴桥古堤，又开凿东平以北小河12条，由大清河与黄河故道入海，河口各建有石堰，可以启闭，为日后黄河复北道有所准备。

但水患稍宁不过三四年，至1493年，黄河又于张秋决堤，由汶水入海，漕运中绝。明孝宗下诏命百官荐选才臣治水。吏部尚书王恕等人便推荐了浙江左布政使刘大夏。这位年近花甲的老臣被擢升右副都御史，前往治理黄河。

刘大夏听取水利专家建议，先于决口处西岸开挖一条月河，以通漕运。在保证通漕情况下，经两年时间，完成张秋决口的堵塞工程，又疏浚数处河道，以分水势，基本上抑制了黄河水患。此后，漕河上下无大患者20余年。

经这次治理后，黄河自开封往东，不再向东北

■ 明代河防图局部

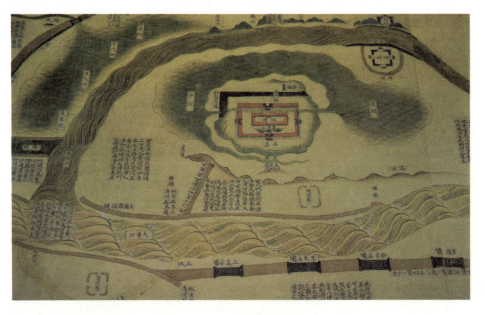

入山东流入渤海，而是向东南，经徐州，由洪泽湖北汇入淮河，夺淮河河道入黄海。张秋决口堵塞后，更名为安平镇，明孝宗特地派遣行人送羊酒犒劳刘大夏及河工人员，而刘大夏从此成为朝廷倚重之臣。

河工的完成对于明孝宗来说，似乎显得格外重要。1495年2月，明孝宗亲命敕建黄河神祠，赐额"昭应"。至4月间，苏、松各府治水工程也告竣。这也是一项役夫20余万的大工程，基本上解决了这片富庶产粮区的水利问题。从此，这里再度成为鱼米之乡。

■ 明代官吏蜡像

这是明孝宗求治的一项最重要的内容，黄河、运河与苏、松水利的治理关系到防止沿河郡县灾害、南粮北调的运输和财赋重地的生产，这实际构成了当时国家经济的主体。

明孝宗重视司法，他令天下诸司审录重囚，慎重处理刑事案件。1500年，制订《问刑条例》。1502年，编成《大明会典》。

明孝宗勤于政事，不仅早朝每天必到，而且重开了午朝，使得大臣有更多的机会协助皇帝办理政务。同时，他又重开了经筵侍讲，向群臣咨询治国之道。

明孝宗的个人修养很高，这首先得益于他较早地合法地取得了皇太子的地位。6岁时就被立为太子，9岁时就出阁讲学了。皇太子出阁讲学是接受正规教育

万贵妃（1428—1487），本名万贞儿，山东省诸城人。4岁选入宫中，为孙太后宫女。及长，侍宪宗于东宫。由于善迎帝意得以专宠，使得后宫女子难得进御。万贵妃去世的当年，宪宗过于悲痛而驾崩，时年41岁。

的开始。担任教育的官员一般都是学养深邃之人。

幼年失母，对于明孝宗的影响深远。明孝宗在处理万贵妃一事上，最能体现他的宽容。尽管传说母亲纪氏是被万贵妃害死的，但是在他即位之后一位官员上书要求惩办已死的万贵妃及其族人的时候，明孝宗认为这样的做法是违背了先帝的意愿，不愿意接受。

明孝宗对臣下宽厚平和。早朝的时候，他亲御奉天门，大臣们言事，要从左右廊庑入门内面君而奏。有的大臣因地滑，行走失仪，明孝宗从不问罪，奏本中有错字也不纠问，经筵讲官失仪，他还宽慰数词，不使他们感到慌恐。

明孝宗在生活上注意节俭，不近声色。

1488年，出使明朝的朝鲜使臣曾对朝鲜的国王说：明孝宗不喜宝玩之物，不设杂戏，虽风雪不废朝会。做太子时，内侍给他送来新裁制的衣服。他说："用这种布缝制的衣服，抵得上几件锦缎衣服。穿它，太浪费了。"遂谢而不用。他当了皇帝后，下令停止为皇宫织造此布。

明孝宗以他的坚韧，为大明帝国留下了一个属于自己的时代。在这里，我们看到更多的是属于我们这个民族的骄傲与光荣。

阅读链接

我国古代历史上一生只娶一个老婆的皇帝只有一个，他就是明孝宗朱佑樘。

明孝宗即位后廉洁而贤明，尤其在私生活方面，终其一世身边只张皇后一人，再无一个嫔妃。明孝宗和张皇后有两个儿子，大儿子就是明武宗朱厚照，小儿子幼年过早病逝，所以朝廷全体大臣多次上奏皇帝选嫔妃，但明孝宗始终都没有同意。

明孝宗和张皇后两人每天同起同卧，读诗作画，谈古论今，朝夕与共。在不经意的举动间，创造了一个特殊的纪录。

明神宗万历中兴

明神宗朱翊钧是明朝第十三位皇帝。明神宗在亲政初期，在经济上实行"一条鞭法"；在政治上则整饬吏治，任用首辅张居正主持朝政，更张祖制；在防守方面则任用名将戚继光抵御沿海为患的倭寇；在水患上有潘季驯四次治河，成效显著。他还在西北、西南边疆和朝鲜几乎同时开展三次军事行动，巩固了汉家疆土。

在明神宗统治前期，社会经济发展较好，出现了短暂的中兴局面。后世称该时期为"万历中兴"。

■ 明神宗朱翊钧画像

■ 张居正（1525—1582），字叔大，少名张白圭，又称张江陵，号太岳。祖籍安徽凤阳，湖北江陵人。明代政治家、改革家。谥号"文忠"。他曾任侍讲学士令翰林事，吏部左侍郎、内阁次辅、吏部尚书、建极殿大学士。是我国历史上优秀的内阁首辅之一，明代最伟大的政治家。

明穆宗朱载垕在位的时候，大学士张居正因才能出众，很快得到了穆宗的信任。

1572年，明穆宗去世时，遗命张居正等3位大臣辅政。太子朱翊钧即位，年号万历，朱翊钧就是明神宗。

明神宗即位后不久，张居正成了首辅。张居正根据穆宗的嘱托，真的像老师教学生一样，辅导年才10岁的明神宗。他编了一本有图有文的历史故事书，叫做《帝鉴图说》，每天给神宗讲解。

明神宗看到这本书后非常高兴，便兴致勃勃地听张居正讲解。

有一次，张居正讲完汉文帝在细柳劳军的故事，就说："陛下应当注意武备。现在太平日子长了，武备越来越松弛，不能不及时注意啊！"

明神宗连忙点头称是。

又有一次，张居正讲完宋仁宗不喜欢用珠玉装饰的故事。明神宗就说："对呀，做君王的应该把贤臣当做宝贝，珠玉有什么用呢？"

张居正见10岁的孩子能说出这样的话，很高兴地说："贤明的君主重视粮食，轻视珠玉。因为百姓靠粮食生活，珠玉不能充饥，不能御寒啊。"

张居正对神宗教育十分严格，神宗把张居正当作严师看待，既尊敬，又惧怕。再加上太后和宦官冯保的支持，朝政大事几乎全部由张居正做主。

张居正是明朝的一个能干的政治家，他掌握实权以后，就在小皇帝的支持下，实施万历新政，在政治上、军事上和经济上进行大刀阔斧的改革。

在政治上，实行考成法。中心是解决官僚争权夺势，玩忽职守的腐败之风。当时朝野泄沓成风，政以贿成，民不聊生，主要原因是"吏治不清"。

其主要加强内阁的行政和监察责任，提高吏、户、礼、兵、刑、工六科的监察职能。六科是对吏、户、礼、兵、刑、工六部百司相应而设的监察机构，张居正以六科督促六部，以六部督促诸司以及地方抚、按，最后再由内阁直接控制六科，掌握对各级官吏的监察大权。

考成法还对六部、都察院等具体行政衙门实施随时考核、事事责成的稽查制度等。这一严密而完整的

明穆宗（1537—1572），朱载垕，庙号穆宗，谥号契天隆道渊懿宽仁显文光武纯德弘孝庄皇帝。明朝第十二位皇帝。明世宗第三子，明世宗病死后继位。倚靠高拱、陈以勤、张居正等大臣的鼎力相助，实行革弊施新的政策，使朝政为之一振。

■ 明代古籍《帝鉴图说》

张居正体察民情

考成系统，将宦官统率六科、稽查章奏权移交内阁，从而在一定程度上减少了宦官干政的可能，极大地提高了内阁的权威，使权力集中于首辅，从而加强了号令天下的中央集权。

考成法提高了办事效率，减少了各部门的相互推诿、扯皮，为精简机构、节省政府开支提供了可能。

在整顿吏治的过程中，张居正对嘉靖、隆庆时期行贿受贿、贪污腐败的社会状况深恶痛绝。因此，他担任首辅之后就果断采取措施，整治腐败，决心扭转政风士习，令出必行，有功必赏，有罪必罚，以重振往日的辉煌。

于是，张居正遵循"斥诸不职""省冗官"的原则，淘汰并惩治了一批官员。

吏部左侍郎魏学曾因贪贿徇私被劾，调往南京；河南、陕西两省按察佥事因贪虐削籍。这些果敢严厉的措施，表现了张居正惩治腐败、"廓清浊氛"的决心和魄力。

万历初，神宗屡次严令惩贪追赃，张居正提出，对违法犯赃者，

"不问官职崇卑，出身资格，一律惩治，必定罪而毫无赦免"。

据《国榷》记载，关于惩贪的叙述有十六处，涉及各级官吏、军官以及扰民的宦官。其中比较突出的是万历二年正月，将"贪酷异常"的保定知府贾淇等十八人依法给以严惩。

另外，由于张居正对百官的严加管制，使得百官惕息，一切不敢文过饰非，朝廷号令能够朝下而夕奉，行政效力大大提高。

比如，张居正因御史在外常常欺凌巡抚，决定压一压他们的气焰。只要他们有一件事稍不妥，马上加以责骂，又饬令他们的上司加以考查。

又如，当时天下不太平已经很久了，盗贼群起，甚至抢劫官府库房，地方朝廷常常隐瞒这类事情不上报。张居正下令如有隐匿不报者，即使循良的官吏也必撤职，地方官再不敢掩饰真情，抓到强盗，当即斩首处决，并追捕他们的家属，盗贼因此衰败。

在军事上，张居正任用戚继光镇蓟门，任用李成梁镇辽东。当时沿海的倭寇虽然已经解决，但北方的鞑靼贵族还不时侵入内地，成为明王朝的很大威胁。

■ 明官员体察民情

■ 戚继光画像

互市 我国历史上中央王朝与外国或异族之间贸易的通称。汉初曾同南越和匈奴通商。随着西域道路的通畅，使得贸易不断发展。海上贸易也开始出现。隋唐以后，各王朝都设有专门的管理机构。宋、明时期同边疆各族进行的茶马互市也很频繁。

张居正把抗倭名将戚继光调到北方，让他镇守蓟州，戚继光从山海关到居庸关的长城上修筑了3000多座堡垒。戚家军号令严明，武器精良，多次击败鞑靼的进攻。

他还在边疆实行互市政策，互市使马匹大增，减少了太仆寺需的种马，就叫老百姓折价交银，使太仆寺积蓄金四百余万。互市使边疆在政治经济上保持稳定。

鞑靼首领俺答表示愿意和好，要求通商。张居正奏明朝廷，封俺答为顺义王，一面和鞑靼通商往来，一面在边境练兵屯田，加强防备。以后二三十年明朝和鞑靼之间就长期没有发生战争。北方各族人民的生活也安定多了。

经济上采取的主要措施有以下几项：

一是清查土地。张居正认为，豪民有田不赋，贫民因穷逃亡，是国匮民穷的根源。1578年，下令在全国进行土地的丈量，清查漏税的田产，至1580年，统计全国查实征粮土地达701.376万顷，比以前增加了近300万顷。朝廷的赋税大大增加，可以说在实施新政期间最富庶。

二是改革赋税，实行"一条鞭法"。首先以州县为基础，将所有赋税包括正税、附加税、贡品以及中央和地方需要的各种经费和全部徭役统一编派，并为一，总为一项收入。

过去田赋有夏粮、秋粮之分，征收上又有种种名目，非常厌烦，如今统一征收，使国家容易掌握，防止官吏从中贪污。

其次是取消里甲的徭役，将应征的全部门银，同丁银合并在一起，然后全部役银以"丁"和"地"或"粮"两大类因素统一考虑编派征收，即所谓"量地计丁，丁粮毕输于官"。

自此，户不再是役的一种根据，丁的负担也部分转到"地"或"粮"中。另外，赋、役之中，除国家必需的米麦丝绢仍交实物和丁银的一部分仍归人丁承担外，其余皆计亩征银，折办于官。

最后，官府用役，一律雇佣。过去由户丁承担的催税、解送田粮之差、伐薪、修路、搬运、厨役等一概免除。这一改革措施赋役折银征收，既是商品货币经济发展的结果，又促进商品经济的繁荣。

万历新政无疑是继商鞅、秦始皇以及隋唐之际革新之后直至近代前夜影响最为深远、最为成功的改革。它在一定程度上缓解了当时明

■ 戚继光操练水军图

朝的阶级矛盾和民族矛盾，为明王朝延续了几十年的寿命。

1582年，一代名臣张居正病逝，当初的万历小皇帝，已经成为大婚4年的青年，从此开始亲政。

明神宗亲政后，励精图治，每天治理朝政10余个小时。他废黜考成法等张居正改革中出现的弊端，安抚流民，减少徭税，大大减缓了社会矛盾。

明神宗时期最重要的事件是开展3次军事行动，一是平定哱拜叛乱；二是援朝之战；三是平定杨应龙叛乱。史家称为"万历三大征"。

哱拜是蒙古鞑靼部人，嘉靖年间投降明朝边将郑印，后来官至宁夏副总兵。他私下里蓄养了一批奴仆，组成一支苍头军，见明军兵马不整，就有反叛之心。于1592年扯旗反叛，企图占据宁夏。

明神宗一方面命叶梦熊赶赴宁夏，一方面命李成梁出征宁夏。李成梁当时并不在宁夏。多方打听后，知道他在辽东，便命其子李如松前往。神宗还下命悬赏缉拿哱拜等人。

1592年9月，明军攻破宁夏城南城。但是，叛军退据的大城依然易守难攻，明军的攻势受挫。这时，监军梅国桢派人将一封信交给守将

■ 明代生活图

太平盛世

历代盛世与开明之治

■ 明代士兵阵列图

哱承恩，以离间之计造成他们互相残杀。9月18日，明军进城，剿灭了哱拜的苍头军，哱拜自杀。至此，宁夏平定。

万历援朝之战的参战方是我国明朝、朝鲜李朝、日本丰臣政权，战争结果是我国明朝和朝鲜联军胜利，日军撤退。

这场战争由日本丰臣秀吉在1592年派兵入侵朝鲜引起。因朝鲜的宗主国是明国，是故向我国求援，明神宗应请求派军救援。日本占领朝鲜并以之为跳板进攻明国的行动受阻，丰臣秀吉也在战争末期死去。他死后不久，日本军队全部从朝鲜撤退。

万历朝鲜战争奠定了东亚300年的格局，推迟了日本的侵华野心，《明史》称之为"东洋之捷，万世大功"。

万历年间平定杨应龙叛乱，也是载入史册的重要事件。1599年2月，明神宗命令还在朝鲜战场的几支部队迅速移往西南，其中包括最能征战的总兵刘綎的部队。此行目的地是四川播州，平定杨应龙。

明代在播州设立播州宣慰使司，其驻地约相当于今遵义市。播州宣慰使杨应龙生性雄猜，他阴狠嗜杀了世袭宣慰司的父亲杨烈，由自

太平盛世

历代盛世与开明之治

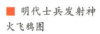
明代士兵发射神火飞鸦图

朱国桢

（1558—1632），字文宁，号平，汉族。浙江吴兴，即今湖州省人。明万历首辅大臣。他在任时能体恤民情。一生著述甚丰，主要有《明史概》《大政记》和《皇明纪传》等。

己来担任。杨应龙早就想占据整个四川，独霸一方。

1592年起，杨应龙就时叛时降，反复不定。朝廷曾派兵征剿，结果全军覆没，主将战死。朝鲜战争结束在即，明神宗决定一劳永逸地解决杨应龙问题。

明神宗任命李化龙为湖广、川贵总督，兼四川巡抚，郭子章为贵州巡抚，讨伐播州叛军。

1600年初，各路兵马陆续汇集播州附近。李化龙持尚方宝剑，主持讨伐全局，坐镇重庆；郭子章以贵州巡抚坐镇贵阳；湖广巡抚支大可移驻沅江。

明军分兵8路进剿，共计20余万人。明军很快攻破杨应龙老巢海龙囤的门户娄山关，杨应龙与爱妾数人关门自缢，儿子杨朝栋、弟杨兆龙被俘。

这一战虽然耗费了湖广、四川、贵州三省财力，但是确保了西南版图。

正如当时的官员朱国桢所说，如果不平定播州，四川周边的少数民族就要纷纷效仿杨应龙，非但四川

不保，云南、贵州也可能不保。

从"万历三大征"看来，明神宗绝不是一个平庸的皇帝。实际上，明神宗对于每一次军事行动，似乎都充分认识到其重要性。并且在战争过程中对于前线将领的充分信任、对于指挥失误的将领的坚决撤换，都显示了明神宗的胆略。

但从另一侧面来看，三大征对明王朝的财政也造成了极其沉重的负担，张居正时期辛苦积蓄的400万两贮金，在万历援朝之战中全部烟消云散。国库的空虚，导致明王朝与后崛起的满洲八旗军队作战的军费，只能依靠国家不断增税来弥补，可以说是明末农民大起义的一大重要诱因。

明代士兵盔甲

阅读链接

张居正辅政时，他的权实在太集中了，明神宗渐渐长大起来，反而闲得没事干，就有一批亲近的太监在内宫用各种办法给他取乐。

有一次，明神宗喝醉了酒，无缘无故把两个小太监打得半死。这件事让太后知道了，马上把明神宗找来，狠狠地责备一顿，还拿来《汉书·霍光传》叫明神宗读。

西汉霍光辅政时，有个昌邑王刘贺即位后，被太后和霍光废掉皇位。现在张居正的地位就像当年的霍光一样，神宗想到这，吓得浑身哆嗦，跪在太后面前求饶。

清朝康雍乾盛世

■ 康熙皇帝坐像

　　康雍乾盛世又称"康乾盛世"，是指康熙、雍正和乾隆三朝皇帝统治时期出现的盛世，是我国古代封建王朝的最后一次盛世。

　　康雍乾盛世起于1681年，止于1796年，时间110多年。在此期间社会稳定，经济快速发展，人口增长迅速，疆域辽阔。但因制度僵化，闭关锁国，使得这一局面无法长久。

康雍乾盛世作为我国历史上的一个重要时期，它在政治、经济、文化和对外关系等方面，都反映出不同以往的风格和特点。

清朝完善和确定了清代的政治制度——清朝的内阁，但由于皇帝大多勤政，又推崇乾纲独断，导致内阁形同虚设。

清朝雍正时设有军机处，为朝廷最高决策机构，而军机大臣虽然有一定权力，但是在皇帝大权独揽又勤政的情况下，也常常是"跪受笔录"。

■ 雍正皇帝画像

清朝只有内阁大学士兼军机大臣才有宰相之实，可见清代对大臣的管制之严。清朝在地方每省设巡抚，这种制度在雍正时期确立。

总督、巡抚的权力很大，手握一省或几省的军政大权，但是清代有严密的监察体系和措施，所以清代地方权力虽大，但是一直是效忠中央。

清代的政治制度，单和我国历代相比，可以说较为完善，所以清朝廷一直保持着高效的办事效率。中央有决策，地方马上就可以执行，而且没有出现过地方督抚大叛乱的情况。

在晚清时期，虽然多次遭受西方列强侵略，但是国家没有分裂，可以看出康雍乾制定的政治制度是卓有成效的。

内阁 明清最高官署名。1658 年7 月，清王朝参照明制，改内三院为内阁。大学士的品级改为正五品，这也是参照明制，怕大学士权力过重，而特降低其品秩，借以抑制。清末仿行君主立宪制，设责任内阁，以旧内阁与军机处合并为最高国务机关。北洋军阀时期改称国务院，仍称内阁。

乾隆下江南图

　　清朝前期的100多年里，农业生产的持续发展。耕地方面表现在对荒地的大量开垦、耕地面积的扩大上。1722年，突破了明代最高耕地统计数字，达到851万顷；到1725年，全国耕地面积为526万顷。

　　农业种植方法的进步，使粮食产量大幅度提高。广东部分地区收获早稻以后，又插晚稻；收获晚稻以后，再种油菜或甘薯，一年三熟。江西土薄，早稻收获以后不能续种晚稻，就种荞麦，一年两熟。由于南方多熟种植的推广，每年可增产粮食60多亿千克。

　　专门从事蔬菜生产的农民增多了。北京郊区的菜农，利用"火室""地窖"等设备，在冬季栽培韭黄、黄瓜等新鲜蔬菜，拿到市场上出卖。乾隆年间，原来不种棉花的河北一些地区，栽培棉花的占十之八九。

　　清朝前期，甘蔗种植遍及东南沿海各省。广东一些地方种植的甘蔗，往往上千顷连成一片，远远望去像芦苇一样。由于地理大发现，玉米、番薯、马铃薯等多种农作物从明代就自美洲经南洋输入。

　　清人陈世元撰《金薯传习录》，记述了冷床育苗，包世臣《齐民四术》中记述了翻蔓技术，番薯种植技术逐渐完善。玉米、番薯等高产作物的推广养活了更多的人口。

康乾时期之所以能以盛世得名，人口的大规模增长是主要因素。康熙时期我国人口重新突破一亿，1740年清查人口时，全国人数1.4亿，至1762年，已经超过2亿人，1790年突破3亿大关。

虽然清朝人口众多客观证明了康乾盛世是我国封建社会的一个高峰。但超过了人口合理容量，即使我国人口多，平均生活水平也很低。

为了统治汉人及其他少数民族而实行民族压迫政策，人民平均教育水平很低，使人口数量的优势并未转化为更高的综合国力。

康雍乾时期的手工业得到了很大发展。明末清初，因长期战乱，手工业生产遭到严重破坏。大约经

■ 清代丝织衣物

蜀锦 是指四川省成都市所出产的锦类丝织品，大多以经向彩条为基础起彩，并彩条添花，其图案繁华、织纹精细，配色典雅，独具一格，是一种具有民族特色和地方风格的多彩织锦。与南京的云锦、苏州的宋锦、广西的壮锦并称为我国的四大名锦。

过五六十年的光景，至康熙中期以后，手工业才逐步得到恢复和发展。

丝织业在清代手工业中占有重要地位。当时江宁、苏州、杭州、佛山、广州等地的丝织业都很发达。虽然清朝统治者在江宁、苏、杭设有织造衙门，在一定程度上阻碍了江南丝织业的正常发展，但清代民间丝织业还是发展很快。

如江宁的织机在乾、嘉时达到3万余张，而且比过去有许多改进，"织缎之机，名目百余"，所产丝织品畅销全国，江宁的丝织业素负盛名，有着"秣陵之民善织"的美誉。

乾隆年间，江宁府有官营织机六百多张，在织造局内从事丝织业生产的熟练技术工人近两千名。当时，清朝政府为了更好地发展丝织业，便在南京设立江宁织造署，派织造官管理丝织业。

■ 古代纺织图

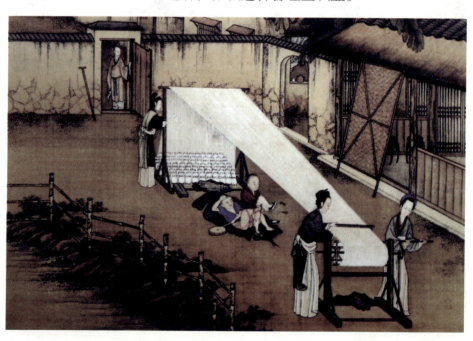

江宁除官织之外，更多的是民间丝织业。南京城南聚宝门及江宁县的秣陵关、陶吴镇、横溪桥、东郊的孝陵卫等地，都是丝织业工人集中的地方。

■ 清代绸庄复原图

据记载，"乾嘉间，机以三万余计"。当时的江宁拥有织机三万多台，男女工人五万多，依靠丝织业为生的居民约二十万人。丝织业的花色品种比明代增多，以云锦和元缎最有名。仅元缎一项的年产值就达白银一千二百万两以上。

道光时，贵州的遵义绸"竟与吴绫、蜀锦争价于中州"，却招致了秦、晋、闽、粤各省客商竞来购买贩运。遵义丝绸系以柞蚕丝为原料织作而成，有被面、缎背绉、美丽绸及和服绸等品种，以丝绸被面为传统产品。

遵义丝织品的特点是：绸身紧密，手感光滑柔软，温润如玉，轻飘而绚丽，具有桑蚕丝所特有的天然光泽。

闽 是福建省的简称，也是古闽国的简称，是我国古代少数民族之一。福建最早的名称是"闽"，其土著居民在历史上称为闽人。古闽人是以蛇为祖先，并以蛇为图腾，故"闽"字为门中有虫，"虫"的本义就是蛇。这种民俗至今仍在一些地方保存着。

■ 清代绸缎庄

遵义地区13个县为柞蚕的主要产地，亦为贵州丝绸业发源地。至道光年间，这里已经成为丝织业发达之区和省内丝绸贸易中心。

清代棉织业在江南一些地区也日益发达。棉纺织工具有显著改进。如上海的纺纱脚车、织布机也有一些改进和革新。当时的棉布生产，无论数量或质量都比以前有很大提高。上海的"梭布"、苏州"益美字号"的苏布、无锡的棉布等，信誉极广，名达四方。

乾隆时，"坐贾收之，捆载而贸于淮、扬、高、宝等处，一岁所交易，不下数十百万"，有"布码头"之称。

在清代，棉布种类较多，有蜀布、都布、班布、云布、冷布、飞花布、丁娘子布、鸡鸣布、女布等。

布一般以棉、麻为原料，经过纺纱而织成布之后，又经过浆染、印花，成为各种类型的布。如蓝印花布，以油纸刻成花板，然后蒙在白布上，用石灰、豆粉和水调成防染粉浆刮印，待其干后，用蓝靛染色，再干后，刮去粉浆，即成花布。

清代民间的蓝印花布较为普遍，有蓝地白花、白地蓝花，内容有花卉、人物、故事等。

清朝时期陶瓷文化，清朝中国瓷器可谓登峰造极。数千年的经验，加上景德镇的天然原料，督陶官的管理，清朝初年的康熙、雍正、乾隆三代，因政治安定，经济繁荣，皇帝重视，瓷器的成就也非常卓越，皇帝的爱好与提倡，使得清初的瓷器制作技术高超，装饰精细华美，成就不凡。

清代，江西景德镇仍是全国制瓷业的最大中心。至乾、嘉时，不说官窑，单民窑工匠人数就不下10余万。由于瓷器需求量的激增，使康、雍、乾三代的景德镇瓷业进入了制瓷历史高峰。

■ 清代景德镇瓷器制作图

康熙时期的青花、三彩、郎窑红、豇豆红、珐琅彩等装饰品种，风格别开生面。

雍正时期的粉彩、斗彩、青花和高低温颜色釉等，粉润柔和，朴素清逸。

乾隆时期的制瓷工艺，精妙绝伦、鬼斧匠工，前无古人。青花玲珑瓷、象生瓷雕、仿古铜、竹木、漆器等特种工艺瓷，惟妙惟肖，巧夺天工。

除景德镇外其他各地的制瓷业也都发展起来。尤其西风渐进，陶瓷外销，西洋原料及技术的传入，受到外来影响，使陶瓷业更为丰富而多彩多姿。

据统计，乾隆时全国著名陶瓷品产地共有40余处，遍布各地。如直隶武清、山东临清、江苏宜兴、福建德化、广东潮州等地的窑场，都有很大的规模。所产瓷器色彩鲜艳，精美异常。

制糖业在福建、广东、四川等地都很发达。康熙至乾、嘉之际，我国台湾的种蔗制糖极盛，每年产蔗糖60余万篓，一篓近100千克，内销京津及江浙各省，外运越南及吕宋，东至日本等国。广东的蔗糖也

太平盛世

历代盛世与开明之治

■ 清海外贸易复原图

■ 清打铁匠人蜡像

贩运四方。

　　此外，浙江、江西、江苏等省的甘蔗种植和制糖行业，也日益发展起来。

　　矿冶业在清代也有进一步发展。云南的铜矿，贵州的铅矿，广东、山西、河南、山东的铁矿，开采的规模都比较大。如云南的铜矿，至乾、嘉极盛时，全省开办的铜厂有300多处。其中有官督商办大厂，也有私营小厂。1740年至1811年间，云南铜矿的年产量达到1467万余千克。乾隆时，贵州铅矿年产黑铅也达到1400多万千克。

　　广东的铁冶规模很大。广东佛山镇的铁器制造业也很发达。那里有铸锅业、炒铁业、制铁线业、制钉业和制针业等行业，而尤以铸锅业最为有名。所铸铁锅不仅行销国内各地，而且也大量输出国外。

　　清代前期，商业贸易十分繁荣，各种商品行销海内外，四方流通联系更加的密切。如河南、东北的棉花供销全国各地，而棉花却又仰给于外省。广东佛山镇的各种铁器，行销全国，当时有"佛山之冶遍天下"的说法。

　　其他如苏州的丝、棉织品，南京的绸缎，景德镇的瓷器，广东、

■ 清代海外贸易图

遗民诗 易代后不仕新朝的"遗民"的诗作。在文学研究上，一般特指宋元之际、明清之际这两个时期的遗民诗歌。明清之际的遗民诗歌不仅是前代诗歌的悲壮结束，更是新朝代诗歌的辉煌起点。遗民诗也成了这个时代的标志，历史学家称这个时代为"机器时代"。

台湾的蔗糖，安徽、福建、湖南的茶，也都行销各地。

特别是江南的丝织品，清代比明代有更广大的国内外市场。例如南京所产的绸缎，几乎行销全国。当时我国的手工业产值占全世界工业、手工业产值的30%。

清初的文人学者，不满统治者的民族压迫和专制统治，较普遍地存在反对清民族思想，有些人还有进步的民主思想。这时期的诗文作家，即以抱有这种思想的明遗民为主体。

黄宗羲、顾炎武、王夫之三人是这时期最杰出的思想家和学者。他们的散文，以深厚的功力，表现了强烈的民族思想和不同程度的民主思想，超越了明末时期散文的成就，显示了崭新的面貌；他们诗歌的风骨也很高。

重要的遗民诗人，还有归庄、杜浚、吴嘉纪、阎尔梅、钱澄之、屈大均、陈恭尹等。遗民诗的重要主题，是反映民族矛盾，表现爱国思想；阎尔梅、钱澄之、吴嘉纪又较多地反映了当时的社会和阶级矛盾。在风格上，也各有特色。

康熙后期，统治巩固，文士又多是在清朝成长的，其身世与明遗民不同。这时期的诗歌，就不再以表现民族矛盾与阶级矛盾为主，而是致力于艺术技巧的追求，内容以抒情吊古和摹写山水为主。

著名诗人有施闰章、宋琬、王士禛、朱彝尊、查慎行、赵执信等。王士禛为神韵派领袖。查慎行诗刻画精工，成就较大。赵执信的诗则比较注重反映现实。

此外，长篇小说在本时期放射出特有的巨大的光彩，这就是吴敬梓的《儒林外史》与曹雪芹的《红楼梦》两部巨著的出现。

短篇文言的笔记小说，有纪昀的《阅微草堂笔

黄宗羲（1610—1695），字太冲，号南雷等。浙江省人。明末清初思想家。与顾炎武、王夫之并称明末清初三大思想家或清初三大儒；与弟黄宗炎、黄宗会号称浙东三黄；与顾炎武、方以智、王夫之、朱舜水并称为"明末清初五大家"，也有"我国思想启蒙之父"之誉。

近世时期
繁荣时代

■《红楼梦》人物插图

记》、袁枚的《新齐谐》等，成就都不及前期的《聊斋志异》。

康乾时期清朝统治者汇集众多专家、学者编修了《康熙字典》《古今图书集成》《四库全书》等大型文化典籍，成为我国宝贵的文化遗产，然而清统治者毁书也多，则是一大罪过。

清帝国版图在乾隆于1759年平定新疆后达到空前扩张，北起自外兴安岭以南，东北至北海，东含库页岛，西至巴尔喀什湖以东，继承了1758年准噶尔汗国的边界，形成了空前"大一统"的多民族国家。

乾隆帝派明安图等人两次到新疆等地进行测绘，在《皇舆全览图》的基础上，绘成《乾隆内府舆图》。

清朝因沿袭了汉族王朝的天下观，将西方国家视为夷狄，着眼于怀柔远人和外夷归附，但又严加防范。在康乾时期向其朝贡的国家有朝鲜、琉球、安南（今越南）、南掌（今老挝）、暹罗（今泰国）、缅甸、廓尔喀（今尼泊尔）、哲孟雄（今锡金）、不丹、浩罕、哈萨克、布鲁特、布哈尔、巴达山克、爱乌罕（今阿富汗）、苏禄、博罗尔、玛尔噶朗、坎巨提、安集延、那木杆、兰芳共和国等。

清代《钦定四库全书》

■ 繁华的江南都市

康乾时期我国还与沙皇俄国签订了《尼布楚条约》《恰克图条约》等条约，划清了中俄两国的疆界，阻止沙皇俄国南侵的势头。

康乾时期国际社会发生了前所未有的变革。在西方世界，产业革命爆发，启蒙运动风行，资产阶级革命风起云涌，欧洲列强凭借自己强大的综合力量，力图按自己的意志重新改造世界。

在这种情况下，康熙曾经以浓厚的兴趣积极向传教士学习天文、数学、医学等方面的知识，乾隆及其皇子也对外国的科学发明产生过相当的兴趣，对西洋的军舰印象尤其深刻。

康熙皇帝是我国历史上最早接触西方科技的人之一，但他还把许多西方的科技项目当成了自己的玩具。当他玩着这些玩具正高兴的时候，西方已经大步地走向了工业化社会，他的帝国还陷在"你耕田来，我织布"的田园牧歌里出不来。

康熙并不是没有机会近距离地接触这种西方先进的科技知识的。比如，1682年康熙巡视辽东，夜间宿营时，他拿出几年前给他制作的小型星座图表，依据星的位置说出时刻来。又如，1691年8月21日，召见张诚，向他学习使用天文环，康熙虽然弄得满头大汗，还是对这个仪器的全部用法进行了实习。他对天文环及半圆仪的准确程度给予了高度评价。

康熙对天文学的兴趣和造诣，也许可以说在我国历代帝王中绝无仅有，但他并不是清代唯一对天文学有兴趣的皇帝。雍正也在宴请耶稣会士时想了解九星联珠的情况，并就它们的推算提了各种问题。

虽然康熙早了解了西方的科技，甚至亲自接触了西方的科技，但直至康熙一朝结束，在他领导下的大清帝国没有一点要向西方学习科技的意思。

由于清朝统治者实行严格的限关政策，使它和发达国家的距离已经越拉越大。果然，"康乾盛世"结束后不到半个世纪，鸦片战争就爆发了，我国随之陷于半殖民地的苦难深渊。

康雍乾三朝盛世时期的我国虽然在政治制度和科学技术等方面落后于西方，但它毕竟是封建社会的又一次太平盛世，繁华高峰。由于历史的局限，不可能每一个盛世都是完美的。

"康乾盛世"所存在的问题，其实也正是后来者锐意变革的潜在动力。

阅读链接

雍正帝虽然残酷多疑，但确实是一位治国之君。他不好声色，不尚奢靡，张廷玉说他每次见到皇上用餐时，从不掉一颗饭粒或饼屑。他经常教育厨师要珍惜粮食，不能浪费粮食。

雍正帝日夜勤于国事，很少有人与他在一起。批阅奏折累了，唯一的消闲，就是独自饮酒、赏花或赋诗。

他有一首诗，把自己描写得十分形象逼真："对酒吟诗花劝酒，花前得句自推敲。九重之殿谁为友，皓月清风作契交。"

可见雍正帝真正是一个孤家寡人。